新设计

国际教师联合工作坊实践教程

A PRACTICE GUIDE TO INTERNATIONAL
COLLABORATIVE WORKSHOP

汤晓颖\[澳]纪毅\张勇\邹方镇\彭译萱\李秀红
编著

[美]Liqin Tan \ [英]Sean Clark \ [芬兰]Hannu Popponen
[芬兰]Jaime De Vizcaya \ [芬兰]Teemu Hirvilammi
[芬兰]Esa Piirönen \ 杜本麟
参编

电子工业出版社
Publishing House of Electronics Industry
北京·BEIJING

内 容 简 介

本书是新文科·新工科·新设计背景下的跨学科、多层次、综合型的国际化课程教学实践教材，充分梳理和总结国际教师联合工作坊的课程背景与目标、教学组织、教学过程、作品展示与点评等方面的创新教学经验及实际运作方法。

本书可作为高等院校设计学相关专业开展国际化课程教学的教材及辅助资料，也可供对设计学及主题式设计工作坊感兴趣的读者参考。

未经许可，不得以任何方式复制或抄袭本书之部分或全部内容。
版权所有，侵权必究。

图书在版编目（CIP）数据

新设计：国际教师联合工作坊实践教程 / 汤晓颖等编著 . —北京：电子工业出版社，2023.8
ISBN 978-7-121-46043-2

Ⅰ.①新… Ⅱ.①汤… Ⅲ.①高等教育—课程改革—研究—中国 Ⅳ.① G642.3

中国国家版本馆 CIP 数据核字（2023）第 141896 号

责任编辑：张　鑫
印　　刷：中国电影出版社印刷厂
装　　订：中国电影出版社印刷厂
出版发行：电子工业出版社
　　　　　北京市海淀区万寿路 173 信箱　邮编：100036
开　　本：787×1 092　1/16　印张：11.75　字数：273 千字
版　　次：2023 年 8 月第 1 版
印　　次：2023 年 8 月第 1 次印刷
定　　价：69.00 元

凡所购买电子工业出版社图书有缺损问题，请向购买书店调换。若书店售缺，请与本社发行部联系，联系及邮购电话：（010）88254888，88258888。
质量投诉请发邮件至 zlts@phei.com.cn，盗版侵权举报请发邮件至 dbqq@phei.com.cn。
本书咨询联系方式：zhangxinbook@126.com。

作者简介
ABOUT THE AUTHOR

汤晓颖

博士，教授，广东工业大学艺术与设计学院副院长。广东省本科高校动画、数字媒体专业教学指导委员会副主任委员；教育部高等学校动画、数字媒体专业教学指导委员会广东省专家小组成员；广东省动漫艺术家协会常务理事；中国工业设计协会信息与交互设计专业委员会委员；中国包装联合会设计委员会委员。

获得广东省教学成果一等奖1项、二等奖1项，广东省在线教学优秀案例二等奖1项。出版图书9部、专著4部，指导学生参加全国竞赛获得50余项奖项。主持"数字化背景下博物馆交互叙事美学研究""技术与美——新媒体时代广府民间工艺美术的传承与新生"等十余项省级以上科研项目；发表论文30余篇；艺术作品入选第十三届全国美术作品展览，个人艺术创作作品发表、参展、获奖百余项；获得专利、版权、软件著作权等十余项。

[澳]纪毅

悉尼科技大学博士，广东工业大学青年百人，英国皇家艺术学会院士（FRSA），澳大利亚澳华科技协会副会长，世界华人华侨人机交互协会理事，国家艺术基金特聘授课专家，*The International Journal of Robotics and Mechatronics* 期刊特邀主编。主要研究个性化智能人机交互模式与智能交互艺术，致力于艺术与科技融合的创新应用研究。在国际顶级期刊和学术会议上发表高质量学术论文30余篇。拥有多项国际及中国发明创新专利。在艺术设计领域，艺术作品和设计作品在多个国际交互艺术设计展和重要国际展览上展出。受邀在多个国际知名学术会议举办工作坊和学术讲座。作为国际策展人担任 Australia CHI 2016 交互艺术与设计联合主席、2022国际人机交互大会（HCI International 2022）分论坛主席、ACM Chinese CHI 2022 程序主席。

张勇

广东工业大学艺术与设计学院工业设计系专任教师，工业设计师。本科毕业于深圳大学建筑系，后从事设计实践工作，历任设计师、设计总监，有多年为初创公司服务的经验。2005年获英国伍尔弗汉普顿大学产品设计荣誉硕士学位。主要研究方向为智能化产品及系统设计、文创产品设计，专注于系统设计、文创产品设计及国际设计工作坊课程的教学理论及实践。主持的设计工作室为多类型企业提供设计服务，包括初创高科技企业、中外合资企业，以及广州本田、上汽、博洋家纺、联动科技等。

彭译萱

广东工业大学艺术与设计学院环境设计系专任教师，香港理工大学设计学院博士，香港大学及法国图卢兹高等艺术学院双硕士。主要研究方向为城市形态学、城市研究、可持续景观等。自2016年起参与国际工作坊教学工作，与外籍教师协同育人，力求将国际化设计视野与中国本土文化相结合，带给学生优质前沿且内容翔实的课程。

李秀红

硕士，毕业于华南师范大学英语（本科）和教育管理（硕士）专业，从事高校国际化创新教学、中外合作办学教学管理等。自2016年起参与广东工业大学艺术与设计学院国际工作坊的教学组织与管理，致力于国际工作坊教学质量的提升。

邹方镇

博士，广东工业大学青年百人，智能装备方向骨干教师。湖南长沙人，博士毕业于湖南大学设计艺术学院设计系统与设计研究方向。作为主研人员参与国家"十五""十一五"项目及企业横向课题的研究，负责开发多个机床与汽车造型设计辅助系统。现就职于广东工业大学艺术与设计学院，主要研究领域为智能装备设计与开发。

[美] Liqin Tan

美国罗格斯大学终身正教授和原美术部共同主任，北京大学特聘专家教授。曾任美国SIGGRAPH数码艺术协会常务理事、画廊高级评审和学生动画评审主席。从事先锋艺术创作和理论研究近40年。作品融合观念与数码科技，创作"数码原始"交互动画装置，多次获国际数字艺术头奖和金奖，美国当地媒体称他为"革命性的艺术家"。大型个展巡回世界各地，包括中国的中华世纪坛、上海多伦现代美术馆、北京798艺术区和宋庄美术馆等。理论研究涉及奇点艺术、观念动画、交互动画装置、动画教育和当代艺术批评等，发表数十篇学术论文，出版5部画文集和著作，代表作有《奇点艺术》《奇点：颠覆性的生物艺术》，策划出版的有《奇点：不可视的艺术》《奇点：强人工智能艺术》等。

[英] Sean Clark

博士，国际著名交互艺术家，德蒙福特大学客座研究员，英国计算机协会会员，计算机艺术协会主管，广东工业大学艺术与设计学院客座国际教师。

[芬兰] Jaime De Vizcaya

芬兰高级设计师，具有多年丰富的跨国教学经验，专注于新技术和可持续性，研究领域为产品设计、可持续设计、智能可穿戴设计、照明和 XR 设计。

杜本麟

香港理工大学设计学院教授。台湾政治大学心理学学士，台湾成功大学工业设计硕士，华盛顿大学工程博士。曾任澳大利亚乐卓博大学计算机科学 IT 系主任，澳大利亚人机界面技术实验室主任，新加坡国立大学交互与数字媒体研究院移动交互媒体实验室主任，新加坡国立大学与日本庆应义塾大学联合研究中心主任。同时还担任多个相关国际期刊的主编或编委，研究领域为人机交互、增强现实、虚拟现实、交互设计与娱乐计算。

[芬兰] Teemu Hirvilammi

开业建筑师，木构建筑专家。毕业于芬兰奥卢大学，目前在芬兰坦佩雷理工大学任教，研究方向为城市背景下的竹制设计。

[芬兰] Esa Piirönen

从事建筑设计及建筑设计教学工作近 50 年，著作和论文颇丰，设计作品范围极广，从街道家具设计到大型都市设计，包罗万象，设计作品多次获得国家级奖项并被广泛刊登在世界各地的建筑期刊上。

[芬兰] Hannu Popponen

芬兰知名设计期刊记者，设计理论评论家，作家。

前言
FOREWORD

　　国际教师联合工作坊是广东工业大学艺术与设计学院在新文科·新工科·新设计背景下建设的一门国际化课程，面向跨年级、跨专业、跨层次的学生开设，来自美国、英国、芬兰和澳大利亚等国家的知名国际教师与优秀的中方教师联合教学，共同指导学生作品的设计和创作，力主进行艺术与科技的跨界合作，激发全新的艺科融合的创新实践。学院每个学期稳定开设约12~16门工作坊课程，每门课程不少于32学时，教学时间跨度约为1个月。

　　工作坊以跨学科、多层次、综合型为教学理念，以课堂实践为主要内容，展示艺术专业课程与国际化元素深入融合的交叉学科创新教学，将境外知名艺术设计院校教师带来的前沿教学理念、教学内容、教学方法、不同的文化背景等国际化资源，充分与中国本土文化融合、共建和探索。通过不同主题式设计工作坊的具体教学实践，全面展现具备国际化内容及形式的课程。

　　本书分为4部分：第1部分介绍广东工业大学艺术与设计学院国际教师联合工作坊的课程起源、历程和发展；第2~4部分立足新工科、新媒体、新环境的背景，分别介绍"基于传统的现代设计探索""智能照明设计""智能交互与生物设计""智能手工艺设计""AR/VR交互设计""基于未来生活的概念设计""可持续建筑设计""公共空间装置"8个主题的国际工作坊实践过程和经验。

　　国际化课程是教育在本地国际化的核心和关键，对培养当代大学生的文化全球胜任力具有重要作用。而在多元化环境下培养既有能力理解世界各地文化和思想，又能传播本土文化的人才，实际上更符合当代中国需求的"国际化人才"标准。国际工作坊立足本土文化，从"西化"到"化西"，实现国际教育元素与本土教育元素两者的有机结合。"基于传统的现代设计探索"工作坊基于中国本土文化的制造、生产和设计理念，研究中国古近代器物文化，从中寻找产品创新的灵感，设计开发新的具有现代使用功能和意义的产品。"智能照明设计"工作坊吸引当地企业开展长期合作，建立成功的伙伴关系，为广东地区的经济和文化发展增添活力。"智能手工艺设计""AR/VR交互设计"两个工作坊以广州地区的广彩（国家级非物质文化遗产）为主题进行智能交互产品的创新设计，同时与广东本土企业合作，进行项目式学习，从而产出丰富的课程成果。

　　另外，国际工作坊在扎根中国本土文化的基础上，还立足全球化视野，针对全球主题如可持续发展、人工智能、未来生活等内容展开。"智能交互与生物设计"是以生物科技智能为辅助工具，通过以智慧生物材料为特性的柔性设计展现和重构"后人类"生命结构下的艺术设计。"基于未来生活的概念设计"工作坊旨在让学习于不同设计领域的学生尝试通过合作探讨的方式提出全球重大挑战问题的可持续解决方案。"可持续建筑设计""公共空间装置"两个工作坊以北欧设计理念为出发点，围绕材料、文化、结构、功能等方面，全面深入地理解和探讨可持续设计理念，开展广泛的空间设计实践。

本书从课程组织、知识构建、思维训练、能力提升和优秀作品展示与点评等方面展开，展现国际工作坊教学过程的中西智慧碰撞，开拓了学生的国际化视野，培养了学生的创新创造能力，是广东工业大学艺术与设计学院国际教学深耕十年，从试点到常态，再到未来探索新机制，助力培养高质量国际化艺术与设计类人才的经验总结。

本书由汤晓颖、纪毅、张勇、邹方镇、彭译萱、李秀红共同编著，Liqin Tan、Sean Clark、Hannu Popponen、Jaime De Vizcaya、Teemu Hirvilammi、Esa Piirönen、杜本麟参与编写。

由于编者水平有限，加之编写时间仓促，错误之处在所难免，敬请读者批评指正。

编　者

2023 年 3 月

目录 CONTENTS

1 新·设计 源起 New - Design Origins

1.1 两个苹果的故事 A Tale of Two Apples 2

1.2 融合·共建·探索 3
Integration · Co-creation · Exploration

    1.2.1 融合：问题的提出 3
        Integration: the question posed

    1.2.2 共建：无问东西 3
        Co-creation: compatible and inclusive

    1.2.3 探索：从试点到常态 4
        Exploration: from pilot to normal

2 新·工科 New - Engineering

2.1 基于传统的现代设计探索 7
Modern Design Exploration Inspired by Traditional Culture

    2.1.1 外教说·［芬兰］Hannu Popponen 7
    2.1.2 工作坊主题及语境 \Workshop theme and context 8
    2.1.3 课程组织及教学准备 \Course organization and teaching preparation 8
    2.1.4 目标与意义 \Objectives and significance 9
    2.1.5 知识分享与交流 \Knowledge sharing and exchange 10
    2.1.6 问题与方法 \Problems and approaches 12
    2.1.7 优秀作品展示与点评 \Excellent works display and comments 14

2.2 智能照明设计 30
Intelligent Lighting Design

    2.2.1 外教说·［芬兰］Jaime De Vizcaya 30
    2.2.2 工作坊主题及语境 \Workshop theme and context 31
    2.2.3 知识构建 \Knowledge building 32
    2.2.4 展开程序与方法 \Procedures and approaches 36
    2.2.5 优秀作品展示与点评 \Excellent works display and comments 45

3 新·媒体 New - Media

4.1 基于未来生活的概念设计 122
Conceptual Design Based on Future Living

- 4.1.1 外教说·[芬兰] Hannu Popponen　122
- 4.1.2 课程背景与目标 \Course background and objectives　124
- 4.1.3 课程组织及教学准备 \Course organization and teaching preparation　124
- 4.1.4 目标与意义 \Objectives and significance　125
- 4.1.5 知识分享与交流 \Knowledge sharing and exchange　125
- 4.1.6 问题与方法 \Problems and approaches　126
- 4.1.7 优秀作品展示与点评 \Excellent works display and comments　128

4.2 可持续建筑设计 144
Sustainable Architectural Design

- 4.2.1 外教说·[芬兰] Teemu Hirvilammi　144
- 4.2.2 课程背景与目标 \Course background and objectives　145
- 4.2.3 知识分享与交流 \Knowledge sharing and exchange　147
- 4.2.4 设计流程与方法 \Design processes and approaches　149
- 4.2.5 工作坊实录 \Workshop recording　153
- 4.2.6 优秀作品展示与点评 \Excellent works display and comments　155

4.3 公共空间装置 160
Public Space Installation

- 4.3.1 外教说·[芬兰] Esa Piirönen　160
- 4.3.2 课程背景与目标 \Course background and objectives　161
- 4.3.3 知识分享与交流 \Knowledge sharing and exchange　163
- 4.3.4 设计流程与方法 \Design processes and approaches　164
- 4.3.5 工作坊实录 \Workshop recording　172

4 新·环境 New - Environment

智能交互与生物设计 51
Intelligent Interaction and Biodesign

- 3.1.1 外教说·[美] Liqin Tan　51
- 3.1.2 知识构建 \Knowledge building　52
- 3.1.3 思维训练 \Thinking training　54
- 3.1.4 能力提升 \Competence enhancing　57

智能手工艺设计 66
Smart Handicraft Design

- 3.2.1 外教说·[英] Sean Clark　66
- 3.2.2 知识构建 \Knowledge building　68
- 3.2.3 思维训练 \Thinking training　82
- 3.2.4 学生作品赏析 \Students' work appreciation　88
- 3.2.5 能力提升 \Competence enhancing　92

AR/VR 交互设计 96
AR/VR Interaction Design

- 3.3.1 联合教师说·杜本麟　96
- 3.3.2 知识构建 \Knowledge building　97
- 3.3.3 思维训练 \Thinking training　107
- 3.3.4 能力提升 \Competence enhancing　115

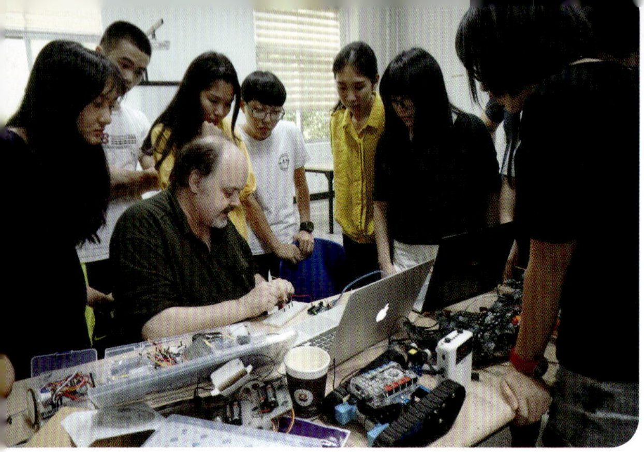

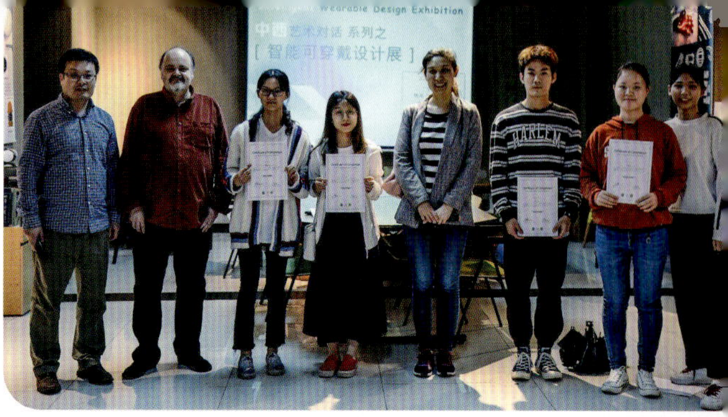
Wearable Design Exhibition
中西艺术对话 系列之
[智能可穿戴设计展]

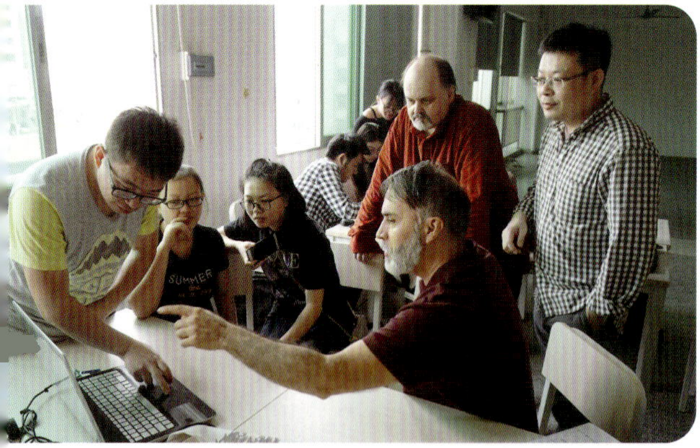

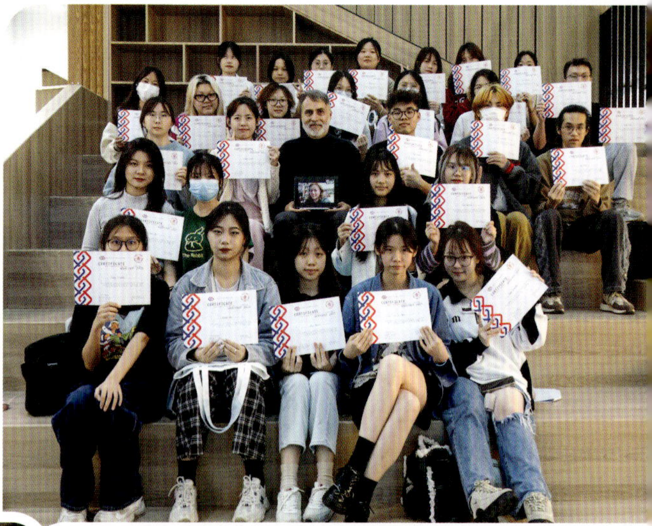

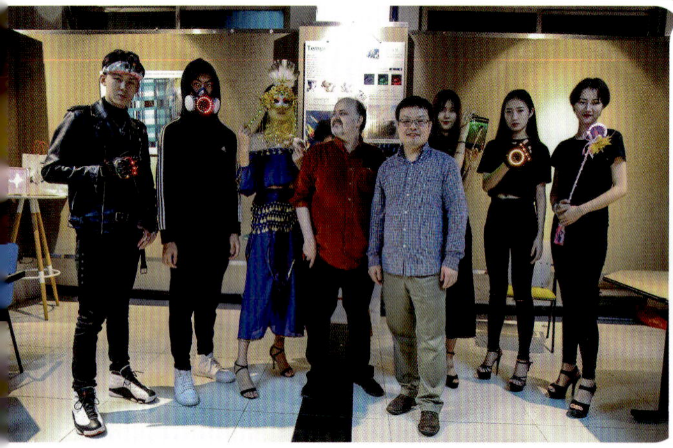

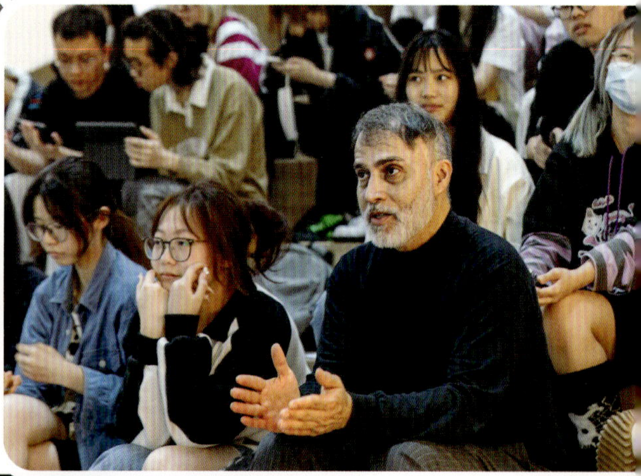

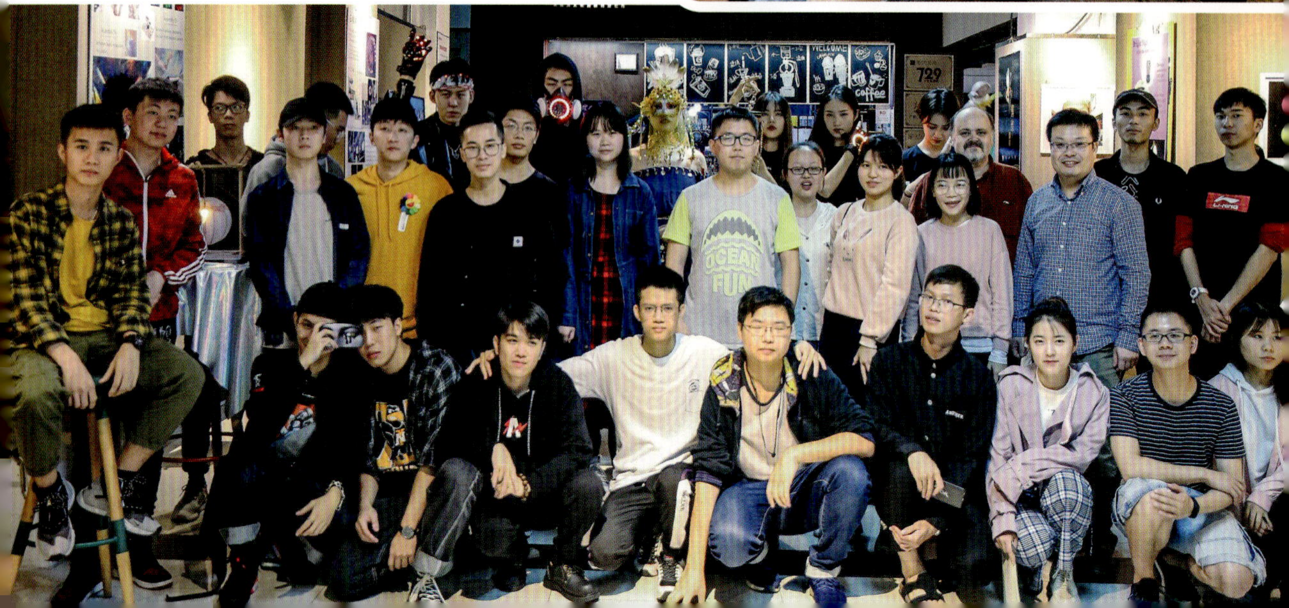

1

新·
设计 源起

New - Design Origins

| 两个苹果的故事 |
| A Tale of Two Apples |

| 融合·共建·探索 |
| Integration · Co-creation · Exploration |

1.1
两个苹果的故事
A Tale of Two Apples

"假如你有一个苹果，我有一个苹果，彼此交换后，我们都还是只有一个苹果；假如我有一种思想，你有一种思想，我们彼此交换，我们就会有两种思想，甚至更多。"

——英国作家萧伯纳

中国艺术设计教育的国际化路径从 20 世纪 80 年代初期开始探索，发展至今，已经在国内很多院校开展了全面、广泛的教学实践。"改革"和"开放"一直都是伴生而来的，意味着一切变革来源于开放的思维和开放的视野。2012 年，《普通高等学校本科专业目录》将艺术学作为独立的专业门类，设计学类成为一级学科，这标志着设计学的学科与专业发展开始了新的征程。全球化语境下的艺术与设计，必然需要我们找到自我的本体定位，也必然需要在西方当代艺术与设计的巨大影响下确立自我身份，这时，中外思想理念的碰撞与交流成为必不可少的环节，"两个苹果的故事"应运而生。

广东工业大学坐落在既是改革开放前沿的国际化大都市，又有着悠久历史文化的千年商都——广州。无论是学校以工科为主的综合性大学的优势基础，还是毗邻港澳的地理位置的优越性，都给国际化的教学与交流提供了便利条件。2011 年，广东工业大学艺术与设计学院开始逐步引进海外教师参与教学，2012 年引进了广东省引进创新科研团队——"工业设计集成创新科研团队"，开始有稳定的外国专家进驻学校。2018 年，国际工作坊、国际讲座课程正式进入培养方案的学分课程，由此广东工业大学构建了完整的、常态化的国际化教学体系。

1.2 融合·共建·探索
Integration · Co-creation · Exploration

1.2.1 融合：问题的提出
Integration: the question posed

1905年，康有为在《意大利游记》中写道："非止文明所关，工商业系于画者甚重。"1913年，鲁迅在《儗播布美术意见书》中也指出："美术可以救援经济。方物见斥，外品流行，中国经济，遂以困匮。然品物材质，诸国所同，其差异者，独在造作……故徒言崇尚国货者末，而发挥美术，实其本根。"在当时亟须实业救国的民国初年，发展工艺美术教育成为人们自强图新、发展工业的必由之路。

直到20世纪90年代，中国艺术设计教育才慢慢改变了原有的侧重于工艺美术的教育方式，从培养"工匠"转变到培养"设计师"的道路上来。因为20世纪艺术设计经历了前所未有的激变，无论是各种新艺术设计流派的出现还是随着科技发展而来的技术媒介的转变，皆具有"新面貌"。那些设计问题的方式、全新媒介和创作目的，以产品、环境、摄影、影像、行为等多种媒介方式呈现。

从工艺美术到艺术设计，再到设计学，称呼上的转变，既反映了中国艺术设计教育者对设计新概念、新面貌的重新认识与概括，也反映了教育家和学者对中国当代设计的反思与重建。中国当代艺术设计如果只是在地研究，必然很难走出新路径；如果只是全盘接受西方当代艺术设计的影响，又很难避免成为西方当代艺术设计的附属品，而陷入盲目西化、盲目反传统、去中国化的尴尬境地。中国艺术设计教育者要思考如何引进"西方先进设计教育理念与方法"，同时又在彰显中国文化主体意识的前提下"构建中国设计教育话语"，因此，如何创造性地中西"融合"，成为中国艺术设计开展国际化教育必须思考和解决的首要问题。

1.2.2 共建：无问东西
Co-creation: compatible and inclusive

纵观中国近代艺术设计教育历史，通常认为中国的艺术教育起源于1840年社会求存图强的应激反应。洋务派官员为寻"自强之计"而兴办的实业、工业学堂及工艺培训学堂，成为最早的艺术教育学堂，而对"图案""工艺"的重视，最早也脱胎于这一时期。

至1949年，中国大陆共有美术学校12所；此时的中国艺术教育依然受制于封建社会的工艺美术传统，直到20世纪70年代末改革开放后，经济发展为艺术设计教育的发展提供了物质条件，对外交流为艺术设计教育的发展增添了活力。身处改革开放前沿的广州美术学院和快速普及的"三大构成"课程，将西方设计教育理念中的认知素质、创造思维、技法训练及艺术表现融会贯通的思想引入，该课程被当时的西方设计教育界认为是真正为"设计"服务的课程，能够提升学生的创新意识、创造精神和对新材料、新技法的应用水平。

西方的现代艺术设计教育，

通常被认为起源于19世纪艺术与工艺运动（The Arts & Crafts Movement）时期，在第一次工业革命的冲击之下，西方艺术批评家针对工业制品粗制滥造的局面，英国设计师威廉·莫里斯（William Morris）建立了第一个设计师工作室。同时，英国艺术家约翰·拉斯金（John Ruskin）则建立了英国皇家艺术学院（Royal College of Art，RCA），最早开始进行关注"小艺术"的教育尝试。比利时思想家亨利·凡·德·威尔德（Henry van de Velde）于新艺术运动（Art Nouveau）时期，在德国创办了魏玛工艺美术学校（the Grand Ducal School of Arts and Crafts），即魏玛包豪斯大学（Bauhaus-Universität Weimar）前身。随着现代主义（Modernism）思潮的发展，魏玛包豪斯大学在现代主义艺术设计中的重要地位确立，崭新的、科学的教学模式才渐渐得以广泛传播——包括艺术与技术的双轨并行、科学的色彩造型理论体系、与工业生产的紧密结合等宗旨，成为20世纪以后西方艺术设计教育的主流，乃至第二次世界大战后的德国乌尔姆设计学院（Ulm Academy of Design），虽然在此基础上细化发展了"理工类"与"艺术类"的设计教育模式，但总体而言仍然以复兴包豪斯精神为己任。

中国的艺术设计教育在体系上，与乌尔姆设计学院有相似之处，主要分为两种：一为艺术型，一为理工型。艺术型设计教育更注重艺术的表现与观念的创作，偏重于创作实践；而理工型设计教育通常还要附加设计方法与设计范式的教学，偏重于设计科学的运用。总体说来，这与西方国家的设计教育体系趋同，也为中西艺术设计教育的共建创新探索奠定了基本语境。

1.2.3 探索：从试点到常态
Exploration: from pilot to normal

设计是典型的艺、工、文结合的交叉学科。2019年，教育部联合多部门推行了"六卓越一拔尖"计划2.0，为新文科、新工科的改革与发展之路指明了方向。以往的工科教育的内容大多是"狭隘于技术"的教育，"新工科"的推广以应变时代发展、造就明日人才为理念，以"继承创新、交叉融合、协调共享"为目标培养形式。而"新文科"的提出，促进了传统文科的更新升级，它的学习导向从学科自身演进为社会需求，从学科的单一性转化为与其他学科的交叉融合，从提供适应性服务过渡到主动引导社会发展。随着不同领域的学科融合越来越多，人文关怀对工程教育的启示也越来越明显。弗兰克说："所有道德、美学和精神的发现都可以揭示人类经验的共性，为圆满而丰富的未来打下好根基。"或许工程教育是在"追求真理"，那么文科教育就是"追求善"和"追求美"。新工科与新文科所倡导的新发展，不可避免地走到了同一条通道上，而与"新工科"和"新文科"紧密相连的"新设计"的教育也将走出新的路径，它紧密结合国家发展的新要求，注重方法上的交叉融合，改变了以往学科的专业界限，形成具有复合性、适应性和前瞻性的教学理念。

广东工业大学是一所突出工科特色，多个学科相互促进、协调发展的综合院校，其中于2004年成立的艺术与设计学院依靠着工科院校的大环境，具备艺术与工程相结合、设计与艺术相结合、理论与实践相结合等优势。在以综合能力为衡量标准的经济社会，时代需要多角度、多才能、综合性、多元化的人才，这一标准要求艺术设计学生不仅是精于自身专业的"技术精英"，还须成为具备中西方艺术设计融合能力的"开放精英"，课程设计必须寻求相适应的教学模式与方法。教学"工作坊"（workshop）模式起源于德国的魏玛包豪斯大学，秉承"技术与艺术并重"的教学理念，通过在特定实践场所中组织学生群体自主讨论，完成预设教学任务并获得及时反馈，这种教学模式尤其适用于操作性较强的设计类专业教学。

基于这样的背景，广东工业大学艺术与设计学院于2011年开始试点开展国际工作坊课程，到2018年进入学分化、常态化、完整的系统化阶段，从"试点"到"常态"，是经过十余年的探索与实验总结而成的。如今，全院每年定期特聘10～12名国际知名教师，每年常态化开设15～20门国际工作坊课程，每门课程32学时，教学时间跨度不少于1个月；形成了"协助教师＋翻译助理＋课程监管"长效服务监管制度；构建了国际化课程"展览＋网站＋公众号＋作品集"等多层次的质量保障体系与推广体系。

新·工科

New - Engineering

基于传统的现代设计探索
Modern Design Exploration Inspired by Traditional Culture

智能照明设计
Intelligent Lighting Design

2.1 基于传统的现代设计探索
Modern Design Exploration Inspired by Traditional Culture

○○○○

Hannu Popponen

张勇

2.1.1 外教说·［芬兰］Hannu Popponen

Traditional inspiration for creating a new design

With globalization, the cultures of different countries are approaching each other. In terms of design, it means, among other things, that products all over the world resemble each other. National characteristics have disappeared more and more.

On the other hand, local manufacturing and production and design emphasizing local culture have become increasingly important in recent years all around the world, the consumers want products that are distinctive and have a story to tell.

What I find most interesting about the design of different countries is precisely their originality. This issue is the starting point of the Design Experience workshop. It outlined the new identity and characteristic features of contemporary Chinese design. The world knows Finnish design, Scandinavian design, Italian design, Japanese design, but on what basis would we define Chinese design in modern times? How to value and appreciate the high-class design of the country?

The purpose of the Design Experience workshop was to study object culture in history and look for inspiration for new design products there.

For example, in contemporary Chinese design, the most interesting thing is how traditional manufacturing techniques, materials such as bamboo, or aesthetics are combined with high technology and modern requirements.

We can learn a lot from tradition, because people have been able to develop functional products and solutions for thousands of years.

The purpose of the workshop was therefore to build a bridge between tradition and today's aesthetics, practicality and technology.

China has a very long history, so the object culture is full of examples to draw from. For example, the masks of the Beijing Opera. It was also somewhat difficult for the students to think about how a historical object functions in modern times, and how it should be modified to meet modern needs in the best possible way.

传承与创新

随着全球化进程的不断加快，不同国家的文化正在相互接近。在设计上也有类似的情况，这意味着世界各地的产品彼此相似，民族特色越来越弱。

另外，强调基于本土文化的本土制造、生产和设计近年来在世界范围内变得越来越重要，消费者想要有特色、有故事的产品。

我觉得不同国家的设计最有趣的地方正是它们的独创性，这也是发起这个设计体验工作坊的原因之一。希望能够通过工作坊的实践尝试勾勒出当代中国设计的特征和身份认同。芬兰设计、斯堪的纳维亚设计、意大利设计、日本设计在世界上有着相对被认同的特色，但我们要根据什么来定义现代的中国设计呢？如何去评估和衡量一个国家的高水平设计呢？

设计体验工作坊的目的是研究中国古近代器物文化，从中寻找产品创新的灵感，设计开发新的具有现代使用功能和意义的产品。

例如，在当代中国的设计中，最有趣的是如何将传统的制造技术、材料（如竹子）、美学与现代高科技结合来满足人们对现代产品的要求。

我们可以从传统中学到很多，因为几千年来，人们已经能够开发具有功能性的产品和提出解决方案。

因此，工作坊的目的是在传统与今天的美学、实用性和技术之间建立一座桥梁。

中国历史悠久，所以在器物文化上有很多可以借鉴的例子，如京剧的脸谱。而历史器物如何在当今时代发挥作用，人们又如何对其进行改良，使其从最佳方式满足现代需求，学生应该思考这些问题，但这对他们来说是有些困难的。

2.1.2　工作坊主题与语境
Workshop theme and context

1. 主题

设计一款带有中华传统历史文化脉络的具有现代意义的产品或服务系统。

2. 要求

学生分组完成调研与概念提案，并与指导教师研讨确定最终方案，完成产品创意设计并制作设计报告、展览文件及产品模型，对优秀设计进行展演。

本工作坊是为初阶设计学生，通常是大二学生设置的专业选修课。工作坊通过对传统文化与现代生活之间的关系讨论，帮助刚进入设计专业的学生开拓设计思维，了解基本的解构和重构的产品开发思路与方法。同时，通过项目辅导引导学生体验产品开发的基本流程，包括品牌与营销的基础视觉部分设计。培养低年级学生创新思维与设计开发的综合能力，为进一步的专业学习做准备。

工作坊通过器物与文化、历史与未来的设计思维理论讨论，引导学生体验从传统到现代的设计概念创建与物化的完整过程，尝试从历史器物中抽取前人的生活智慧结晶，结合现代科技和生活场景，设计出能够提升现代生活品质的产品或服务系统，启发学生探讨设计背后深层次的感性思考，创造新的"事物"，讲好产品背后的"故事"，树立文化自觉及提升中华文化的国际影响力。

2.1.3　课程组织及教学准备
Course organization and teaching preparation

工作坊课程共32学时，每周两次课，每次4学时，共4周课程。课程以项目的形式开展，一般安排前4学时进行理论讲授，后续以项目为线索进行分组讨论与设计辅导，课程结束进行总结汇报。前期可以组织学生参观博物馆做设计资料收集。由于特殊原因，后期的实地考察大多调整为网上调研。

工作坊组织者由中国教师与外籍教师各一位组成。参加者主要是设计类二年级学生，不分专业，具有基本的造型基础，不需要有产品开发经验，英语基础较好。

外籍教师不需要懂中文，但必须有较好的设计基础及较全面的国际化视野，对文化多样性有正面的理解，喜爱东方文化，对设计有独到思考与批评，能够提供学生新的思维方式和角度。

中国教师需要有较好的英语交流能力与设计水平，热爱中华文化，对中华文化有较深的理解。中国教师在工作坊中起到组织与沟通的作用，但并不负责翻译，主要解决方案讨论过程中文化差异导致的沟通障碍。根据以往经验，在工作坊进行过程中，往往会产生外教和学生因文化差异对设计概念理解的偏差，导致较大的误解。有国外生活经验的中国教师能够提供很大的帮助。虽然文化差异会使大家在交流上产生特别大的困惑，但往往这样的困惑和冲突是本工作坊能带来新价值的地方。一个简单的设计问题，其根源可能是深层次的文化差异，从冲突找到差异然后取得一致的解决方案，推演出国际化的产品，这正是本工作坊的价值所在。

2.1.4 目标与意义
Objectives and significance

1. 目标

（1）设计体验工作坊的目的是研究中国古近代器物文化，从中寻找产品创新的灵感，设计开发新的具有现代使用功能和意义的产品，并以品牌视觉设计与品牌故事相结合的形式进行表达。

（2）尝试构建中国当代设计的国际身份，提升中华文化影响力。

方案指导与分组讨论

Hannu 在汇报展览中进行设计评讲

2. 意义

（1）为低年级学生导入 Design Thinking（设计思维）的创新方法。

刚上本科二年级的学生设计创造欲望非常强烈，但往往只注意到问题的表面，解决方案只停留在浅层次的改良层面，创新度不高。Design Thinking 既是一种创新方法论，又是一种解决问题的路径。工作坊引导学生从定义问题、分析问题出发，寻找问题产生的根本原因，从生活方式、体验的层面找寻创新性的解决途径，尝试从更深层次的人性、社会、社群、健康、环保、可持续发展等关乎人类福祉的终极设计目标去考虑设计创新。

工作坊需要根据学生的专业方向做出适当的指导，从历史与文化的角度启发学生思考，引导学生对有文化历史的物和事进行分解与重构，通过从具象到抽象（解构）、又从抽象到具象（重构）的方式，创造出具有文化脉络的创新产品。

（2）开拓思维，挑战大创新。

创新分为微创新和颠覆性创新，区别在于创新是否涉及事物的本质。在课程中，我们希望学生能够了解创新的层次，并积极尝试在生活方式层面做出颠覆性的创新产品或服务系统。当然，低年级学生在有限的知识积累下和工作坊较短的几周时间内能提出有价值的颠覆性创新是非常困难的，但这可以作为设计学习初期的思维启蒙训练。同样，工作坊导师要在辅导过程中快速有效地分析学生提案的创新程度，发掘提高创新层次的可能性及提出适合学生能力的可行建议也是一个挑战。学生可能无法在短时间内理解和响应导师的建议，从而导致输出达不到预期目标，但我们认为结果并不是唯一考量的因素，学生的创新思维在辅导过程的交流和设计方案迭代中得到激发才是最重要的。

颠覆性创新带来的是新的生活方式，沉淀下来就是文化的一部分。历史器物往往是物质功能与非物质文化的综合体。设计思维处于萌芽阶段的二年级学生，通常只会注意器物的表面功能而没有注意其所承载的文化。工作坊引导学生对器物及其所包含的文化进行多角度的探讨，尝试解构历史器物的物质与非物质要素，分析其中的关联性，抽取其具有积极意义的要素和现代科技进行结合重组，创造出能提高人们生活质量的新概念产品。工作坊更应通过导入品牌和营销的概念的方式，引导学生尝试对产品进行全方位的文化重构，提高中华文化的国际影响力。

程等。没有此类知识基础，低年级学生无法在工作坊的短时间内完成，难度非常大。相对而言，与历史文化相关联的文创方向更适合作为低年级学生思维练习的一个方向，因为其具有一定的非物质特性，但也需要通过物质载体呈现，非常适合非物质设计思维的导入。

Hannu 说："几千年来人们一直能够开发功能性产品和提出解决方案，我们可以从传统学到很多东西。"

2.1.5　知识分享与交流
Knowledge sharing and exchange

1. 产品的物质性与非物质性

自工业革命以来，工业产品的设计基本都是实物产品的设计，直到20世纪80年代末90年代初，产品的非物质属性才逐渐受到重视。进入21世纪的信息时代，非物质类产品的设计越来越成为提升生活品质的重要形式。对设计初学者来说，带有非物质属性的设计往往比较难以掌握，因为它看不见又摸不着。

产品的非物质属性可分成两个层面来理解：一个是文化创意、品牌营销的高附加值设计创新，另一个是服务设计和体验设计等系统层面的创新。在工作坊的教学中发现，学生对完全物质或者完全非物质的设计往往比较容易理解，但对如何在物的基础上承载非物质信息往往会显得无从下手，这个不单单在低年级学生中出现，高年级学生也同样不知所措。

系统与服务类的非物质设计在信息化时代下设计初学者都能够理解，但在具体设计上他们又难以把握。专业课程往往到高年级时才会逐渐涉及相关知识点，如信息架构、交互模型、服务流

课堂自由讨论

2. 传统与现代

文化是人类社会历史实践过程中所创造的物质文明与精神文明的总和，具有不可逆的传承性。世界不同地域的民族在生存发展过程

中形成了各自独有的思想文化、观念形态与物质文明，有着各自鲜明的文化沉淀。随着科技的发展与文化交流的日趋便利，一部分本土文化会因为不适应社会需求或受到外来强势文化的冲击而消亡，一部分经过不断演变迭代成为现代文化的组成部分。

传统文化带有各民族对自然和生命的理解，也会随着科学技术和人文艺术的发展而不断演变。传统文化代表的是一个族群的世界观、人生观和价值观，是人类智慧的结晶，其具体沉淀下来的必然会在器物中有所体现。一个民族或国家能长盛不衰，必然在其文化上有其适应时代、积极进步的地方。中华文化多元统一，交流中尊重一切外来文明，善于包容吸收异质文化，交流互鉴，合作共赢。

传统文化中蕴藏着人类不同发展阶段的智慧结晶，是现代设计无尽的灵感与思想源泉。对传统器物进行分析解构，抽取其中对现代生活有意义的元素，简单的如造型、色彩、纹样，深层次的可以是功能结构和使用方式，或更为系统化的生活方式。

随着生活品质的提高，消费者对产品的需求并不仅仅满足于其使用功能，产品的美与文化内涵或许会成为打动消费者（用户）的另一个重要因素。现代设计是科技与艺术的结合，一个好的设计作品，既需要基于科技的创新，也需要有文化内涵的延续与传承。

中华文化有着数千年的历史积淀，工作坊导师会引导学生从器物文明开始讨论，在具体的器物中探寻古人的智慧，发掘其中的现代意义，并通过其与现代科技和生活形态的结合，创造出新产品和生活方式，提高人们生活品质。

3. 文化多样性与国际化潮流

（1）文化多样性。

在过去很长的历史时期，世界各地区的发展处于一种非均衡的状态，各地区各民族处于不同的社会发展阶段，形成了自己独有的文化特色与自我认知。随着全球工业化与信息化，特别是经济一体化的进程，政治、文化也出现了一体化的强烈趋势，也就是我们经常提到的全球化。

全球化有其积极的方面，如科学技术的普及、资本自由流动等，但也有其负面的影响，特别是过于强调效益与标准化，资本野蛮扩张流动，必然会利用其强势推行自己的文化价值观与政治理念，服务其经济扩张和占有资源的野心。地域文化出于自我保护必然会对文化霸权采取抵抗措施，从而导致文化冲突的产生。文化冲突短期内会引起社会对抗与冲击，严重时会导致局部的战争冲突，长期的文化冲突必然会逐步导致文化多样性的消亡，人类生存系统的单一性加剧导致人类社会的适应性大大降低，在面对未来生存挑战中产生危机甚至崩溃。

人类的现代化实践推进了全球文化的交流和联通，文化多样性与人类族群生存的地域性、地理环境、文化起源、发展历史及现代文化消费的本土性是分不开的，欲望与理想的丰富性，不同的族群都有延续自我生存与思想延续的需求。

坚持文化多样性才能让世界更丰富多彩，人类的文明才能百花齐放，减少文化冲突，人类社会才得以健康发展。2001年，联合国教科文组织第31届大会在巴黎总部通过了《世界文化多样性宣言》，其中重申了这样的信念："缓解各文化和文明间冲突的最有效方式，是文化间的平等沟通与对话。"

工作坊通过对文化多样性的讲授与研讨，让学生明白文化多样性的概念与内涵，充分了解文化多样性的重要性，文化冲突的原因、现状，并对解决方案展开积极探讨，从而让学生能够尊重文化多样性，避免盲目的国际化，自觉提升文化自觉与保持文化的多样性。

（2）多样性与国际化的辩证统一。

保护文化的多样性并不是说各种文化一成不变、不交流、不发展，而是在保持文化特色的前提下建立文化自信，互相欣赏，互相学习，相融共济，共同推动人类文明的发展。这是一种基于多样性的统一。

工作坊要着重建立学生的文化自信，但又要避免文化自大，引导学生了解全球化的成因与现状，在保持文化独特性的前提下积极投入全球化的浪潮。

（3）产品国际化与文化影响力的提升。

在现代社会中，国际化无可避免，文化总是依附于各种具体的形式体现，如文学、电影等。随着资本的流动，生产和消费市场趋于全球化，要立足于世界文化的海洋，应提高民族文化的影响力，树立文化自信。

中国的产品要走向世界，必须从纹样、造型、色彩等器物表面要素中脱离出来，探讨其内在的生活智慧，找到其中与人类福祉相关的共同要素，如道家的可持续的生活态度、禅意的简约、生命感悟等，将中华文化揉捏内嵌在现代产品中，成为世界的产品，提升全人类的生活品质。这样的产品既国际化又蕴藏着中华文化的智慧，不张扬但深入生活，传递的是生活方式和态度，不以文化霸权为目的，但通过交流与融合来全面多元彰显中华文化之美，提升国家文化软实力，构建人类命运共同体。

2.1.6　问题与方法
Problems and approaches

1.设计目标的设定——究竟要做什么，做到什么程度

工作坊的设计目标应该根据参与学生的专业背景进行合理设置。由于本工作坊是面向学院各专业招生的，所以对工作坊的输出物在前期并不做过多的限制，输出物可以是工业产品，也可以是服饰设计，甚至是时尚表演等，可根据学生的专业特点给予足够的选题自由度。但最终输出必须满足两个条件：一是必须带有中华文化的脉络，二是必须具有现代性与国际性。

工作坊刚开始的时候，学生往往急于了解最后的大作业要做什么，而忽略了对主题的思辨与分析，所以在前期指导过程中，导师应尽量避免过早在这个问题上为学生提供过于明确的指引，以免对学生产生过多的自我约束。开放式题目的设置更能够培养学生的调研与分析能力，更能在辅导中提出思辨，引导学生进行深入的思考，并且能够在不清晰的状态下自我拓展设计的机会点。自我思辨式的目标设定过程往往能够比设定目标的题目更能激发学生的思考和创新能力，最终的输出物丰富多样、不拘一格。只要学生在训练过程中积极思考，能够通过实践理解和运用课程中的理论知识，就能达到训练效果，输出物往往也更具创新性。

2. 传统文化的解构与现代化重构——产品中的文化好像很难发掘，更不要说运用了

在工作坊中，应注重带领学生对历史器物进行解构，可以是形式的解构，也可以是使用方式、功能的解构。先通过层层的解构找出历史器物中蕴含的形式美和生活智慧，再结合现代科技和生活需求进行重构，这样重构出来的产品往往融合传统与现代，既符合现代生活的需求，也能在国际上取得更多的认同。

3. 创新的层次——为什么老说我的方案不够创新

导师对方案做出评价的时候，需要考查学生能否将器物中所蕴含的文化因素和现代生活进行有机融合，提高人们的生活品质。单纯纹样与色彩的应用创新度较低，导师应尽量引导学生避免对造型与纹样的简单模仿，但可以对传统器物的造型进行研究，运用简洁的国际化设计语言进行抽象重构；积极引导学生将生活方式创新、结构创新和材料创新作为主要创新方向。

2.1.7　优秀作品展示与点评
Excellent works display and comments

使用场景图

"DOU"
古蜀流韵边桌

设计师： 张卓莹　陈绮琪　孙靖渝　吴国沣　罗伟健

新设计·国际教师联合工作坊实践教程

出土的古蜀国"高柄豆"（陶豆的一种）有着优雅的线条和实用的功能，具有质朴美感。其使用功能延伸到现代生活中可以是边桌的雏形。"DOU"是一件具有文化气息的"轻"家具，可以根据需要在居室中灵活移动和摆放，适合现代崇尚简约生活但又注重生活品质的"文艺"家庭使用。

陶豆，盛食器

组装图　　　　　　　　　　　　　　　　　　　　　　　产品图

三星堆陶高柄豆

点评：
　　"豆"是我国古代承载食物的器皿，早期的豆并不高，适用于席地而坐的坐姿，但可能随着坐姿的改变，为了方便取食，其高度也发生了变化。"古蜀流韵"的这个边桌，就像"豆"的延续，有着古蜀国"高柄豆"的神韵，通过现代材料工艺的应用，造型典雅简约、温润但骨感，既美观又实用。边桌设计时巧妙地利用支架中间的空腔设置了小型的带提手垃圾桶，小创新带来使用上的便利。

2　新·工科

15

「JING」脸谱艺术器皿

设计师：骆泫叶　吴妍　吴卓颖　谢夏雯　吴培进

第一次提案

第二次提案

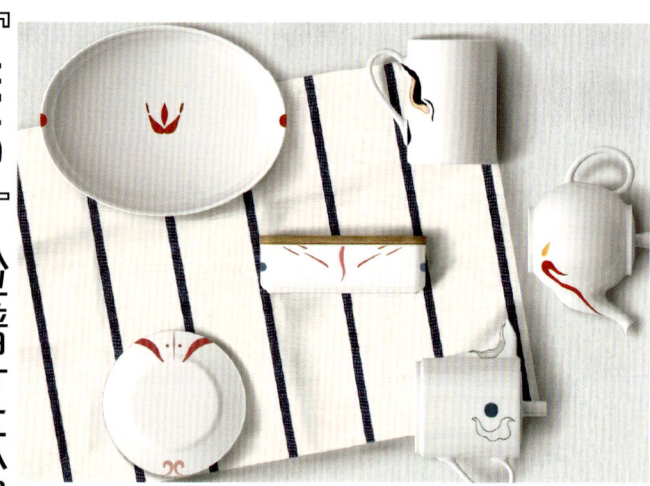

餐具设计表现图三套（第三次提案）

　　"JING"脸谱艺术器皿系列是源于京剧脸谱艺术的餐具套装。脸谱源于生活，还是实际生活的放大、夸张。传统戏剧中不同角色有固定的脸谱图案，其形状、色彩体现出对应戏剧人物的性格特征。设计师通过对这种传统元素的分解和重组，设计出一系列既带有中华传统元素也具有现代装饰审美特征的餐具系列。

商标及包装上的设计

点评:
　　以京剧脸谱作为产品的概念来源是一个比较冒险的行为，因为这样的文创设计已经非常多，甚至达到"泛滥"的程度。我们引导学生通过对传统图案进行打散分解，再运用形式美的规律进行重构，例如，运用对称、重复的手法；方案中使用大量白色作为缓冲，使得原来过于冲突的视觉效果变得和谐甚至雅致，更适合现代生活用具的审美需求。显然，学生的最终作品达到了这样一个效果。

2 新·工科

"ZHENG"和谐社区概念图

"ZHENG"
社区音乐交互活动带

设计师： 张嘉欣　蔡李云　袁乐涛　丁雨琴　罗云婷

　　古筝是一个传统的乐器。一手控制音高，一手弹出节奏，综合运用各种弹奏技巧，使用古筝能够弹奏出丰富多彩的音乐。"ZHENG"是安装在社区的一组健身设施，每个健身设施的使用方法、分布及柱子的形状都与古筝有关。七个轨道象征琴弦，装置中内置的传感器通过对地面七个轨道上用户的位置及动作进行检测，发出相应的演奏声音，犹如拨动琴弦，轨道上相对的另一侧能通过位置的变换调节音高，犹如弹琴时左右手的配合演奏出不同的"音乐"，适合亲子运动和休闲。

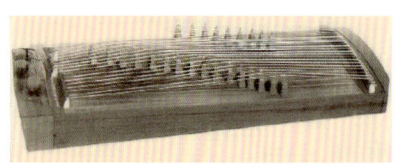

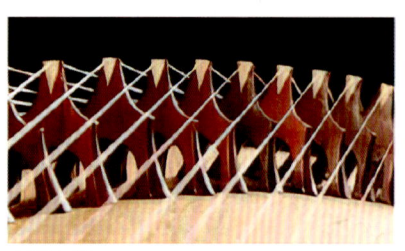

中国古筝

新设计·国际教师联合工作坊实践教程

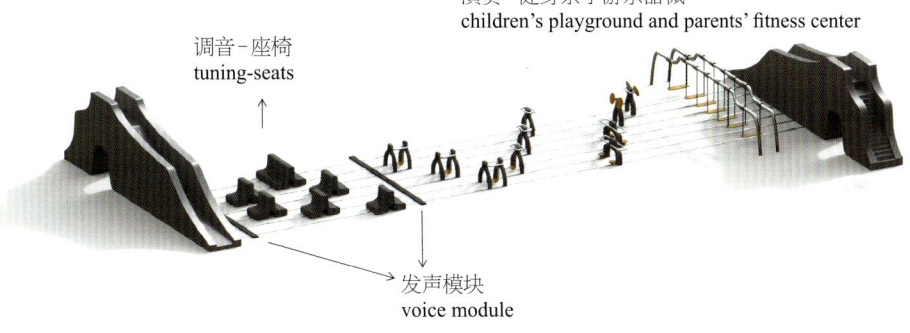

演奏-健身亲子游乐器械
children's playground and parents' fitness center

调音-座椅
tuning-seats

发声模块
voice module

迭代与推演

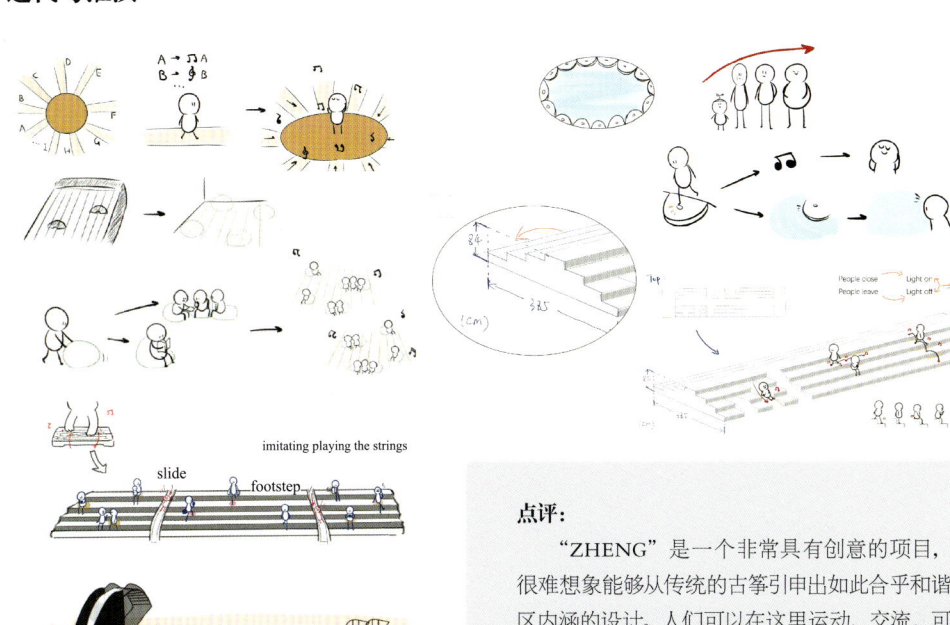

imitating playing the strings

slide　　footstep

点评：

"ZHENG"是一个非常具有创意的项目，你很难想象能够从传统的古筝引申出如此合乎和谐社区内涵的设计。人们可以在这里运动、交流，可以用自己的身体合作交互"弹琴"，可以利用器械锻炼身体，也可以休闲静坐，老少中青其乐融融，呈现一片和谐景象。设计的本意就在于此。

2 新·工科

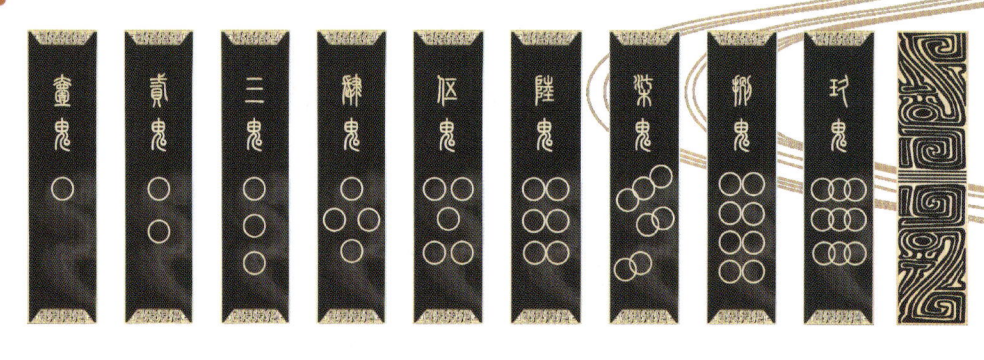

基于鬼文化的"YANLUO"阎罗王纸牌游戏

"YANLUO"阎罗王
鬼文化纸牌游戏

设计师： 周馥红 郑思露 陈文雅 何晶祯 胡维佳

　　我国的鬼文化萌芽于原始社会。鬼文化除满足人们对精神世界的猎奇外，也是人和社会的一面缩影，在封建社会也是人们对专制的一种抗争。"阎罗王"整个游戏设计精巧，牌面设计精美并带有汉代画像砖的装饰韵味，肃穆庄严，体现中华传统鬼神世界的等级与社会关系配置，是具有深厚文化内涵的纸牌游戏。

GHOST

灵感来源与推演

世界各地的文化扑克

汉代画像砖的风格

点评：
　　以鬼文化为原点发展出的这一套纸牌游戏，体现学生学习到了运用系统方法解决复杂问题的方法（游戏设计就是一个很典型的系统设计）。同时，在牌面视觉设计中经过几次推演，帮助学生掌握视觉要素抽取与再设计的方法。

推演出的第一稿

2 新·工科

"YOOU" 油纸伞候车亭

设计师： 冯祥宏 孟大双 李杭州 钟茹茜 陈绮诗

　　油纸伞是中国传统文化中的瑰宝，除起到遮风挡雨的作用外，在发展过程中也不断地融入人们的情感与文化寄托。公交候车亭作为现代城市生活中频繁出现的视觉元素，设计中却往往缺乏人文因素，显得单调冰冷。油纸伞的设计灵感赋予"YOOU"一种传统文化的气息，让人们在短暂的停留中感受情感的流动，在焦躁的等待中可以静下心来感受一丝温暖和被保护。

油纸伞候车亭效果图

灵感来源与推演

点评：
　　"YOOU"别具匠心地将两个放大的油纸伞组合成站台的雨篷，除了让人感到安全与被保护，还散发着历史与人文的气息。

"PLAY - PLATE" 互动皮影碟

设计师： 单文乃 黄昱 陈加欣 蒙晓琳

"PLAY-PLATE"盘子底部采用陶瓷材料制作，中间放入铁片制作的皮影人物，上面用玻璃封上。因为磁铁的原理，使用头部是磁铁的筷子在铁片制作的皮影人物上面挪动，盘子中的皮影人物也随之做动作。"PLAY-PLATE"中的人物利用镂刻拼接的方式体现皮影的特征。人物形象可按照特定轨迹在里面运动，用带磁性的筷子可以像皮影表演一样操作人物做出动作，为就餐带来新的乐趣和话题。

传统皮影戏里的人物

点评：

　　文化并不是永远沉重的，也可以为人们带来突然的欢乐和相聚的愉悦。"PLAY-PLATE"就是这样一个设计，你可以在用餐之余与它互动，也可以和朋友分享你的发现与故事。它没有皮影戏的难度，但带来的是那种表演的乐趣。

皮影人物的制作及皮影戏表演

使用带磁性的筷子"舞动"夹层里的金属人物

皮影碟系列效果图

2 新·工科

"SHOU" 守兽门铃

设计师：张宝宝 刘润杰 陈晓纯 温玲芳 郭家俊

老宅门上的铺首

内部结构

"SHOU" 守兽门铃是一款非常具有中华文化特色的智能门铃，采用中国古代铺首与现代科技工艺结合的方式。"SHOU"上的猛兽图案继承了铺首图案守护的意涵，能够保卫家庭的领地；猛兽的眼睛是隐藏的摄像头，会发出亮光并监控门前的状况；敲打衔环能触发无线门铃发出铃声，提醒房主有访客。

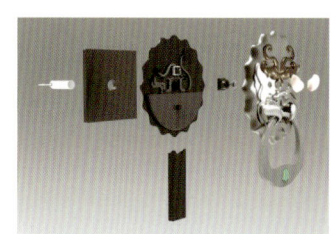

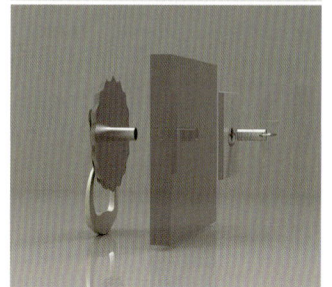

新设计·国际教师联合工作坊实践教程

"Qracle"
甲骨文学习启蒙卡牌

设计师：陈瑞琳 钟淑晓 梁灿彬 刘姝言

甲骨文是一种典型的象形文字，是汉字的起源，也是一种跨文化可以理解的图形文字。以甲骨文作为学习汉字的启蒙，直观且能够帮助记忆。对母语为非方块字的学习者来说，知道汉字部首偏旁的演变对他们学习汉语，特别是文字书写有非常大的帮助。"Qracle"就是这样一个学习工具，正面是甲骨文及其意思，反面是现代汉字及其发音，汉语初学者可以把卡牌作为汉语学习的启蒙工具，能形象而快速地学习到汉语大部分的名词及部分易懂的动词。

卡牌牌面

点评：
"Qracle"通过直观有趣的方式来帮助外国人学习汉语，特别是采用不同以往的从文字开始的教学方式，有很高的创新性。"Qracle"是普及中华文化非常好的载体。

"TANG" 唐女俑扩香瓶

设计师： 蔡心蔚　卢嘉茹　黎倩彤　陈覃梦　黄依情

　　唐代舞蹈陶俑形象华丽丰腴，姿态活泼生动，造型优美，秀丽的五官与灵活的体态展现出唐代女性柔美奔放的独特美感。盛唐时期的肥美丰腴的造型更为盛唐女子增添了一丝华贵的气质。

　　"TANG"香薰扩香瓶的造型正是源于造型与艺术写意完美融合的唐代舞俑，抽象的瓶身曲线展现出优雅与华贵的气质。瓶身采用陶瓷材质，施以唐代流行色彩之一的黛青釉色，清新淡雅。扩散棒使用天然藤蔓作为材质，藤条吸附精油再将其缓慢释放到空气中，为生活空间带来个性与健康的气息。

元素母体 & 推导

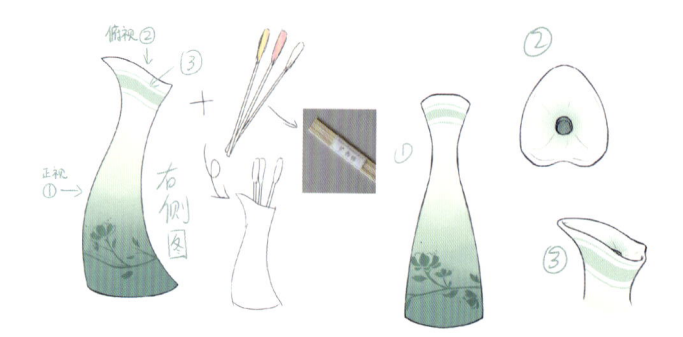

点评：
　　文创产品设计的难点往往是对传统物件的实体与精神的解构，以及对其现代性的运用。"TANG"通过对唐舞俑的造型特征提取与在香薰扩香瓶身上的抽象运用，既符合现代生活审美，又蕴含盛唐大气柔美一体的文化美感，源于传统融入现代的思维。

"SAN" 三星堆表情包

设计师：杨武苏 曲彭树浩 李展瑶 罗惠予 梁晨喆星

三星堆是中国西南地区最重要的一处古文化遗存，上起新石器时代晚期，下至商末周初，延续近 2000 年。"三星堆文化"中具有明显的印度地区和西亚近东文明的文化因素的集结，显示出早在商代，三星堆文明就已与亚洲其他文明有了文化交流。可能因为多文化交融的关系，三星堆出土的青铜器显示出与众不同的面貌，它们有着夸张的五官和威严的表情，甚至被认为带有某种外星人的面貌特征。

我们运用现代动画的手法对三星堆的人物形象进行了卡通化处理，并制作成微信表情包，希望人们在使用表情包表达情感的时候能够伴随着带有历史文化印迹的趣味和幽默，拉近人们心目中历史与现代的距离。

元素母体 & 推导

点评：
"三星堆文化"人物形象给人带来的多是神秘感和历史的厚重感，这组同学在设计中大胆地赋予了三星堆人物一种贴近生活的幽默与烟火气，并通过表情包的形式"复活了历史"，让人们体验到一种在指尖中穿越时空，与历史"共舞"的特殊参与感。

2.2 智能照明设计
Intelligent Lighting Design

Jaime De Vizcaya

邹方镇

2.2.1　外教说·［芬兰］Jaime De Vizcaya

Intelligent Lighting Design

The field of intelligent lighting design has been the evolution of the traditional lighting design. Nowadays, our living standards and environments require us to find more comfort or easy manipulation for new user needs. The requirement to combine design with technology is important based on the user needs and capabilities in the industry. Technology can be represented in 3 areas: smart technology (electronics), human factors engineering, sustainable goals: life cycle, materials or processes. All require a specific approach to ensure technological qualities.

The purpose of this workshop is to organize multidisciplinary activities in which the students will combine their skills in order to achieve better results. Also the workshop aims to provide new skills and awareness of new and important technological and ecological environmental aspects during the design development. This workshop aims to attract the long term collaboration with the local industry for successful partnership and to expand the promotion of the economic and cultural aspects in Guangdong province. Another aim is to promote the institution and industry sponsors in international and local design competitions.

　　智能照明设计是传统照明设计演变而来的。如今，我们生活的标准和环境要求我们去寻找更加舒适或简单的使用方式来满足新的用户需求。将设计与技术相结合对满足用户需求和提升行业能力至关重要。技术可以表现在三个方面：智能技术（电子）、人因工程及可持续目标（生命周期、材料或工艺）。所有这些都需要具体方法来保障技术质量。

　　本工作坊旨在组织多学科活动，通过这些活动让学生结合各自的技能，以取得更好的成果，以及为学生提供新技能，使学生在设计开发过程中掌握新的重要技术，如生态环境方面的技术。此外，本工作坊还旨在吸引当地产业开展长期合作，建立成功的伙伴关系，为广东地区的经济和文化发展增添活力，并推动相关机构和企业对国际或本土的设计比赛提供赞助支持。

2.2.2 工作坊主题及语境
Workshop theme and context

1. 主题

设计一款符合智能照明主题的产品或产品系统。

2. 要求

本工作坊的设计主题为"智能照明"。照明是伴随人类历史的行为,在不同的种族文明中,照明均涉及辅助视觉、传递信息、渲染情绪等多样化的使用目的。而融入现代智能技术的照明设计,即通过物联网技术整合传感器、处理器与执行器件概念的新一代智能照明技术如何更好地完成传统照明任务,或者可以颠覆性地创造出什么新的照明产品,正是本工作坊的设计主旨所在。

3. 课程组织及教学准备

课程将在第一阶段提供设计过程组织,辅助学生释放他们挖掘问题的创造力与解决问题的潜力,综合不同类型的研究方式,以形成与改进设计概念;工作坊将有助于构建更好的项目流程,并促使学生积极探索不同材料、电子技术对设计目标的正面价值。第二阶段的工厂与车间实地考察将极大地推动学生对设计的理解与最终成果的形成。

本工作坊的教学目标是组织多学科的跨文化活动,学生将在此过程中结合自己的技能推动设计结果产生。同时,本工作坊也将刷新参与者对技术前沿与设计技能的掌握,使其在设计过程中意识到人文传统与生态环境因素的重要性。

在产业方面,本工作坊旨在建立与当地产业的长期合作,对外推动发展,对内获得真实的市场反馈。产业合作的另一个目标是促成产业机构和行业赞助商合作参与国际化的设计比赛。

4. 教学内容与时间控制

跨度四周半,每周两天;按4学时/天计算,共9天36学时,具体如下表所示。

课次	内容
1	工作坊启动,讲课4学时:主题诠释,教师自我介绍与教学流程讲解,任务安排
2	讲课4学时:创意形成,问题核心的聚焦与发展
3	讲课1学时,辅导学生3学时:作业点评,优化关键词与情绪板
4	讲课2学时,辅导学生2学时:概念设计阶段的每组工作汇报,外教评价设计进度,帮助确定设计方案
5	全天外出考察,上午参观产业工厂车间,下午参观成品与零配件市场
6	讲课2学时,辅导学生2学时:产品方案的草模讲解与点评
7	讲课1学时,辅导学生3学时:安全教育,机电厂车间开始模型实体制作
8	讲课1学时,辅导学生3学时:学生继续实践操作,点评方案
9	上午作品摄影与作品展布置,下午作品展仪式,设计者与参观者互动
统计	教学与辅导集中进行9次:讲课15学时;考察指导21学时;总计36学时

2.2.3　知识构建
Knowledge building

1. 传统文化中的照明

灯笼

中国灯笼统称为灯彩，是一种古老的民族传统工艺品，起源于2100多年前的西汉时期。每年农历正月十五元宵节前后，人们都挂起象征团圆意义的红灯笼，营造一种喜庆的氛围。后来灯笼就成了中国人喜庆的象征。经过历代灯彩艺人的继承和发展，形成了丰富多彩的品种和高超的工艺水平。从种类上划分，有宫灯、纱灯、吊灯等；从造型上划分，有人物、山水、花鸟、龙凤、鱼虫等。除此之外，还有专供人们赏玩的走马灯。

烟花

烟花又称花炮、烟火、焰火、炮仗，以烟火药为原料，是用于产生声、光、色的娱乐用品。由我国劳动人民较早发明，常用于盛大的典礼或表演。

传统灯笼

2. 现代电子技术：物联网

物联网概念的发展

物联网的概念是在 1999 年提出的，它的定义是，把所有物品通过射频识别等信息传感设备与互联网连接起来，实现智能化识别和管理。2005 年，国际电信联盟（ITU）发布《ITU 互联网报告 2005：物联网》。报告指出，无所不在的"物联网"通信时代即将来临，从轮胎到牙刷，一切都可能很快进入通信范围。射频识别技术（RFID）、传感器技术、纳米技术、智能嵌入技术将得到更加广泛的应用。2008 年 3 月，在苏黎世举行了全球首个国际物联网会议"物联网 2008"，探讨了物联网的新理念和新技术，以及如何将物联网推进发展到下个阶段。

物联网概念图解

3. 产品交互与用户体验

交互产品，起源于人机交互的计算机科学，由此也带入了更多的交互设计的科学因子，是一项高科技产业的必然趋势。随着产品数字化程度的提高，产品本身日趋扁平化、非物质化。如何使这些带有计算机技术的产品更易用、可用且令人愉悦成为设计的新焦点。20 世纪 90 年代中后期开始，交互设计首先在新兴的 IT 企业特别是软件企业中得到成功的应用，目前正迅速蔓延到其他高科技产业。

现在的数码科技产品、大型医疗设备及智能公共服务设施等，不仅是一个静态的设计，更多的是动态的产品。设计不再局限于静态的物体形态，而往往是一个芯片或者一台计算机，甚至后面有一整个网络系统来支持产品所提供的服务与体验。智能照明设计也当如是。

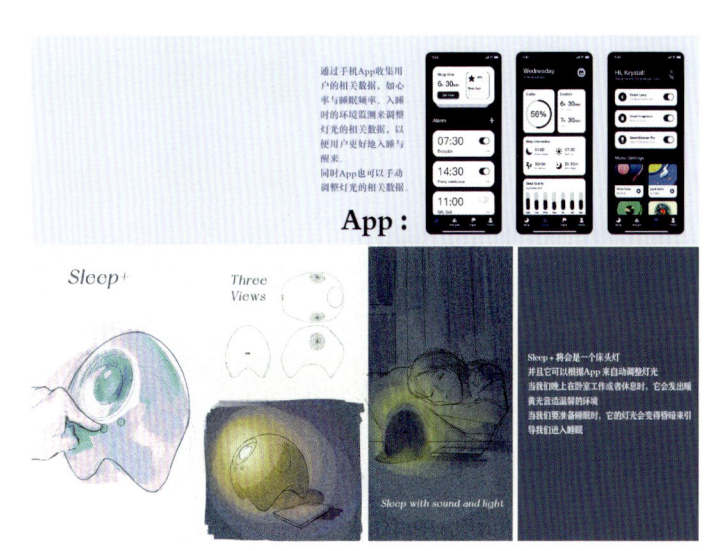

典型的交互产品表达，工作坊学生作业

4. 典型案例

This project was commissioned by Trash Design Oy and exhibited during the Furniture Fair HABITARE in the Trading Center of Helsinki, Finland in 2017. The topic was related to Sustainable Design. The project carried the development of a ceiling lamp made out of upcycled materials. Soft drinks "Coca Cola" PET bottles were used as well as an easy assembling system. All parts can be separated for future recycling process after its life of use comes to an end.

此项目由 Trash Design Oy 委托，于 2017 年在芬兰赫尔辛基贸易中心的家具展 HABITARE 上展出。主题与可持续设计有关。此设计开发了一种由循环材料制成的吸顶灯。软饮料"可口可乐"PET 瓶构成其易于组装的系统，在其使用寿命结束后，所有部件都可以分离，以便将来进行回收处理。

HEART WAVE, Jaime De Vizcaya 个人作品

"INFINITO" CLOCK-LAMP is designed according to a previous research analysis of user needs. It is shown that certain type of luminescence provides stimulus to the human mood. Especially in the countries like Finland, where dark days last longer during the winter season which makes people become depressed. So, if we analyze the times we glance at the clock on the wall during office or study time, those moments of light exposure could help to stimulate the users positively. Other inputs on the lamp design are CMF (Colour, Material, Finish) trends, and sustainable features such as materials and processes chosen for its mass production.

The fluorescent lamp will rotate showing the hours, while the color front layer will also rotate showing the minutes. Even when the light is switched off, the clock function keeps going.

此设计基于前人对用户需求的研究与分析而开展。研究表明，特定类型的发光可以刺激人的情绪。特别是在芬兰这样的国家，极夜期间黑暗持续的时间更长，人们会变得抑郁。因此，如果我们分析人们在办公室或学习时间看墙上时钟的次数，这些"曝光时刻"可以对用户产生积极的刺激。该灯具设计也参考了CMF（颜色、材料、饰面）趋势及可持续特征，如针对大规模生产选择的材料和工艺。

荧光灯旋转显示"小时"，而彩色前层则旋转显示"分钟"。即使电灯关闭，时钟功能也能保持运行。

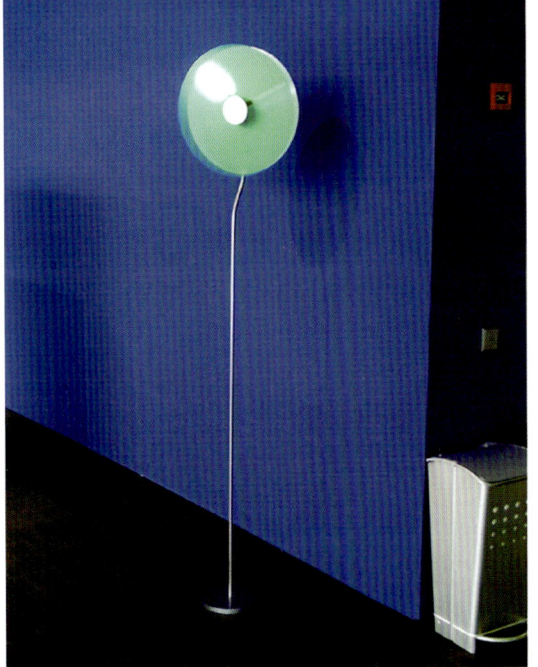

"INFINITO" CLOCK-LAMP，Jaime De Vizcaya 个人作品

2.2.4 展开程序与方法
Procedures and approaches

工作坊展开的整体框架遵循双钻模型的结构,前半部分做概念(用户需求,或称问题定义)的发散与收敛;后半部分做实体(解决方案,或称设计求解)的发散与收敛。具体如下表所示。

概念阶段	基于 Info Panel 的概念发散
	初步概念评估与收敛
	基于 Story Board 的用户定义与使用场景描绘
实体阶段	基于实体原型的产品解决方案推敲
	产业考察
	实体原型的验证与迭代
成果产出	成果展示与交流互动
	设计成果导出

1. 基于 Info Panel 的概念发散

在这个阶段,鼓励学生展开无限制的自由联想和讨论,其目的在于产生新观念或激发创新设想。其组织形式为"brain-storming",集中一组人来同时思考设计的切入点,有点类似"集思广益"。

由于团队讨论使用了没有拘束的规则,人们能够更自由地思考,进入思想的新区域,从而产生很多新观点和问题解决方法。当参加者有了新观点和想法时,他们就写在便利贴上,贴到小组工作区域的墙面,激发他人在此基础之上建立新观点。所有的观点被记录下来但不进行批评。只有在头脑风暴会议结束的时候,才对这些观点和想法进行评估。头脑风暴的特点是让参加者敞开思考,使各种设想在相互碰撞中激起脑海的创造性风暴,尽可能激发创造性,产生尽可能多的设想的方法,这是一种集体开发创造性思维的设计组织方式。根据头脑风暴法的原则,工作坊制定了几条纪律,要求参加者遵守。例如,要集中注意力,积极投入,不消极旁观;不要私下议论,以免影响他人思考;发言要针对目标,开门见山,不要客套,也不必做过多解释;成员之间相互尊重,平等相待,切忌相互褒贬等。

Jaime 会鼓励大家尽量使用纸、笔等传统工具在物理空间展开交流,从而避免操作软件引起的分心。同时,大家面对同一个墙面也会比面对各自的计算机屏幕更容易产生交流互动,相互激发出新的想法。

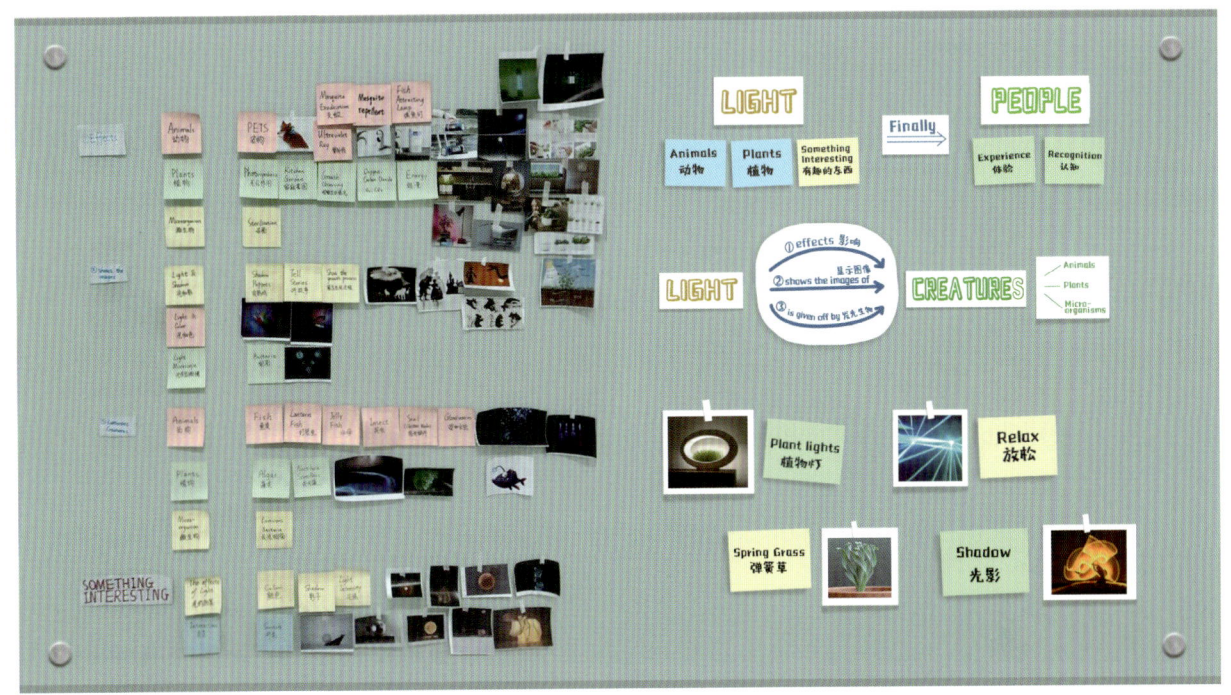

用于概念发散的 Info Panel，工作坊现场拍摄

基于 Info Panel 的概念发散，工作坊现场拍摄

2. 初步概念评估与收敛

在这个阶段，全体参与者会对小组提出的设想与工作进度、方案逐一提出质疑，从而聚焦到发现具现实可行性的方法。收敛阶段是为了获得解决一个问题的最佳方案，从不同的方向和角度将思维指向这个答案，以达到解决问题之目的的思维过程。收敛思维与发散思维的过程相反，又称之为集中思维、求同思维、汇合思维、聚焦思维。在设计中，需要收敛思维来确定最佳设计方案，但收敛思维是建立在发散思维基础上的。

组内概念评估，工作坊现场拍摄

集体概念评估，工作坊现场拍摄

3. 基于 Story Board 的用户定义与使用场景描绘

故事板（Story Board）的最初原型是脱胎于动画行业及影视制作行业的分镜头手稿，用来安排剧情中的重要镜头，展示镜头关系和故事脉络，快速表达作者的创作理念。当该工具被运用到产品设计中时，故事板就像一个用户如何使用你的产品的电影脚本，表达的是用户在使用产品时的关键环节、重要操作及操作流程，以便于我们可以用旁观者的视角审视这中间可以被挖掘和提升的地方。

由于每个人的想象力有差异，对用户角色的理解不同，对产品的关注点也不一样，所以我们通过故事板将小组成员脑海里的东西进行整合。这种"纸上谈兵"可以让小组成员的抽象思维表达具象化，细节明确化，有效提升团队合作效率。小组合作绘制与汇报故事板的方式可以帮助设计成员将角色、场景和情节串联起来，把抽象的体验过程具象成图文结合的形式，让所有人都能够通过一个角色来观察场景，并看到发生的触发事件、使用的渠道、遵循的流程及必须做出的决策，让设计者能够对用户体验有更直观深刻的挖掘和思考。

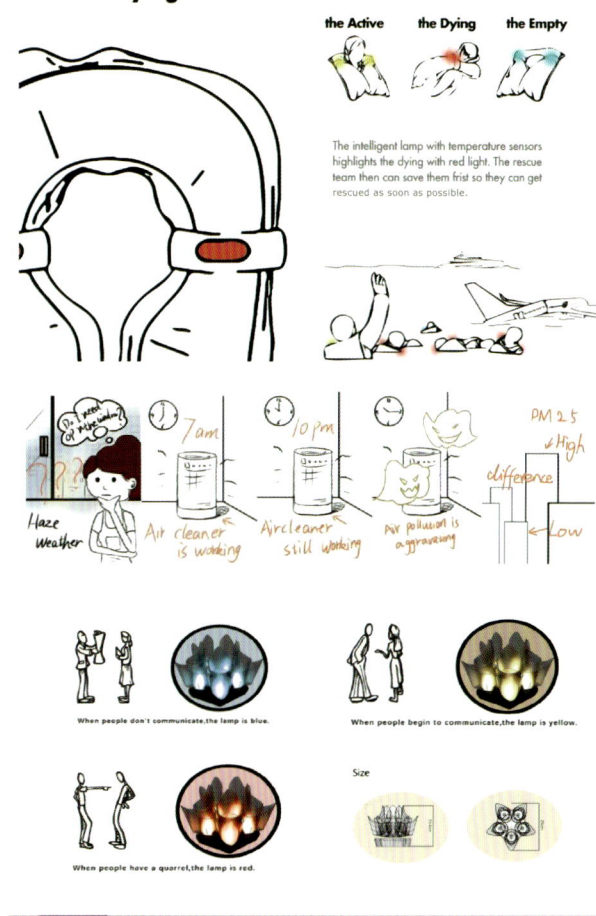

用于用户定义与使用场景描绘的 Story Board，工作坊课程报告

4. 基于实体原型的产品解决方案推敲

使用3D打印设备,学生可以把数字建模后的概念原型打印成实体模型,进一步推敲产品形态与体量甚至可生产性。

工作坊组织大家采用快速原型的方法,通过电子、材料、软件集合来设计、模拟和检验动态的交互过程。小组成员内部协调分工,各自负责学习软件、机械、电子等基础知识与技能,并在工作坊的设计实践中整合应用。小组成员必须自己动手做出自己的作品,即使短时间内做出来的原型可能有些粗糙。

在传统的设计课程中,学生只是通过软件建模,以数字模型的形式提交课程作业,没有触及实物设计,造成只学会外观设计而没有思考运行过程的现象。在工作坊课程中整合不同学科的现有资源,将不同理论与共同实践目标相结合,能有效提高学生跨领域思考和分析、解决实际问题的能力。

推敲实物原型,工作坊现场拍摄

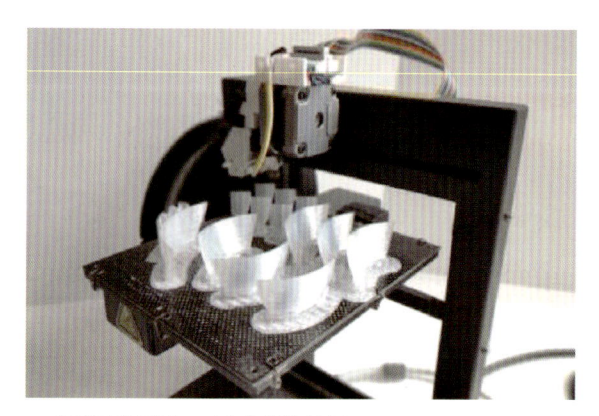

3D打印实物原型,工作坊现场拍摄

3D打印室,工作坊现场拍摄

5. 产业考察

中山是传统灯饰+LED照明的产业集群基地，在全国灯饰照明产业中占据绝对的中心地位。其中，古镇镇拥有"中国灯饰之都"的美名，小榄镇拥有"中国半导体智能照明创新基地"的称号，横栏镇拥有"中国照明灯饰制造基地"的殊荣。

2018年以前，中山市LED产业规模年平均增速均达两位数，成为中山整体经济增长起到明显推动作用的战略性新兴产业，已经到了转型升级的关键期。2021年，中山市LED产业规模约为624.7亿元，位居广东省第三位，占广东省LED产业总值的11.96%。

工作坊组织学生到广州市周边的产业工厂实地考察，了解行业内的照明产品生产工艺与主流零配件方案，为后续的设计落地提供了现实参考。

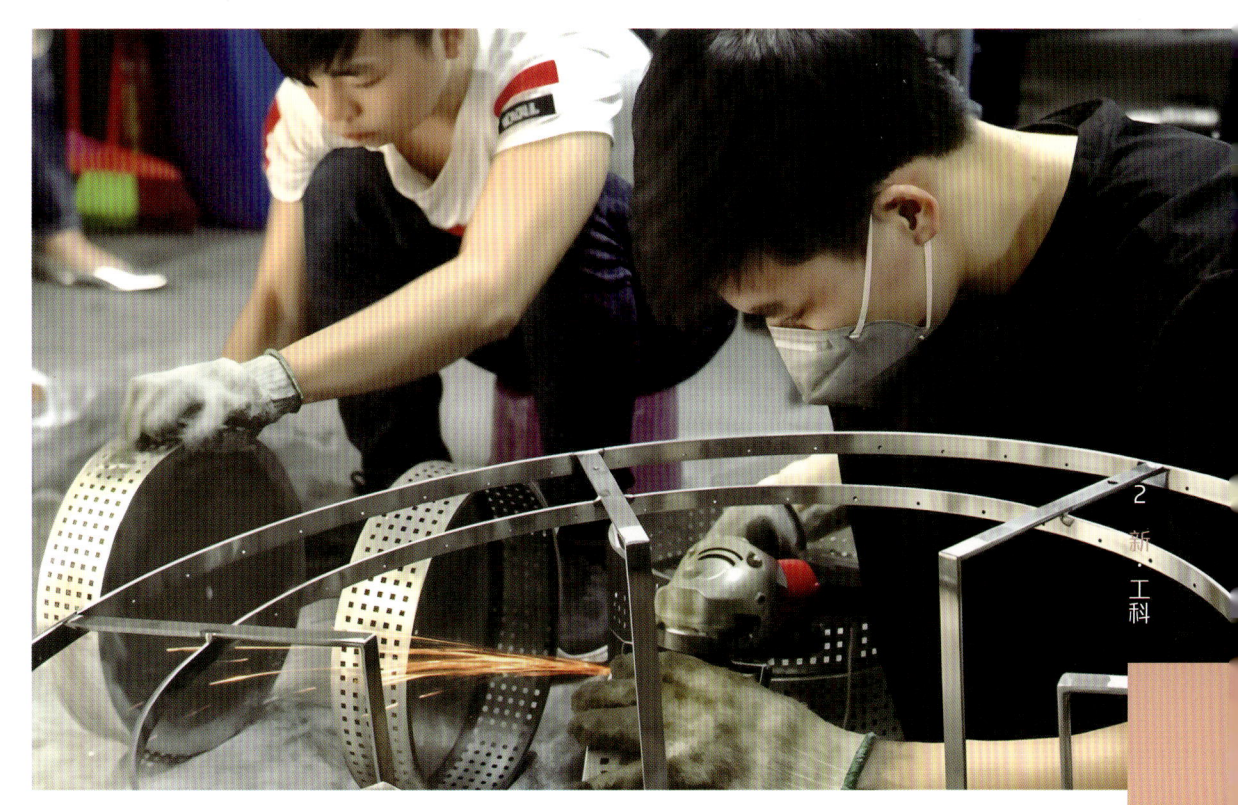

产业工厂现场，工作坊人员拍摄

6. 实体原型的验证与迭代

迭代算法是用计算机解决问题的一种基本方法，利用计算机运算速度快、适合做重复性操作的特点，让计算机重复执行一组指令（或一定步骤），在每次执行这组指令（或这些步骤）时，都从变量的原值推出它的一个新答案。迭代致力于重用、修改、增强目前的解决方案，而我们在设计工作坊中通过快速原型与设计迭代的机制，鼓励大家做出快速原型，然后对照前述阶段产生的思维导图与故事板来验证快速原型是否合理，或者是否存在优化的空间。通过快速的几次迭代优化后就能产生全新的设计。

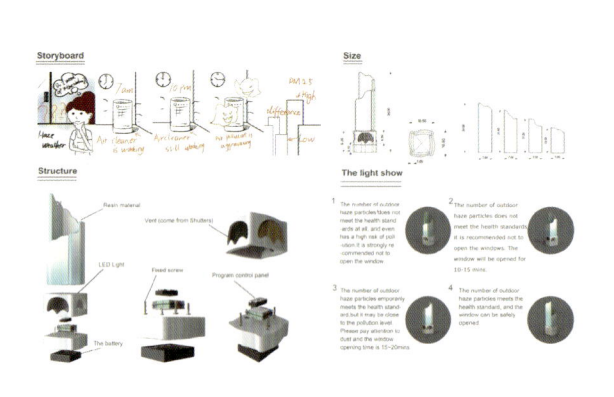

产品设计迭代

工作坊现场拍摄

7. 成果展示与交流互动

工作坊的最后一次课程安排为设计成果展，通常在学院行政楼1楼的展厅空间举行。可以提前发布海报邀请，学生将设计成果以设计海报、设计实体原型、设计过程报告文档三种形式立体地展示自己的设计项目。设计小组成员也会在作品展示位置周围，解答参观者提出的问题。对参展者与参观者而言，这样的展示与交流形式可以帮助自己对设计产生进一步的理解。

设计成果展

8. 设计成果导出

在工作坊结束后，会鼓励参与课程的学生将提交的课程作业转化为大学生创新创业训练项目的申报书。在后续的项目中完善设计成果，并将设计成果申报为实用新型专利或发明专利；设计过程文档则撰写成论文发表。也有部分课程成果投送东莞杯、省长杯等工业设计比赛，有机会取得一定名次。设计成果的导出可以延续工作坊关于设计迭代理念的优化周期，使得参与者持续从工作坊课程的经历中受益；也可以源源不断地保持后续课程的吸引力，让后续参与工作坊课程的学生愿意投入更多时间与精力。

设计成果与企业对接

在"729成果展"中，前来参观的SNP尚诺柏纳集团品牌主管相中了G组作品RARE。双方初步对接后，企业决定支持优化落实该设计方案，大家一起将工作坊产生的交互原型朝着产品化的方向继续努力，计划在一年内展开小批量的试产（几百台）。随着每周两次的对接，学生才真正意识到，从实验原型到批量化产品，后面还面临着产品结构与材料工艺的落实、照明标准、成本控制、可靠性优化甚至包装与说明书设计等一系列新挑战，一个月以来的工作坊成果原来只是迈出了产品设计的一小步。

实用新型专利

（1）《一种智能氛围灯》
发明人：张超，邹方镇，陈颖琪，曾文婷，张洁莹
（2）《一种具有雾霾监测和提示功能的室内氛围灯系统》
发明人：张超，邹方镇，赵绮琪，黄夏怡，缪旭欣，谢安斌
（3）《一种智能台灯》
发明人：邹方镇，张超，龙成新，李卓文，陈卓铖，王震，袁怀剑，赖兆东，李嘉栋
（4）《一种智能灯具及一种智能灯具自动调整系统》
发明人：邹方镇，张超，谢欣锐，刘俊秀，刘道铭，叶青华，郑姣
（5）《一种可自动切换的氛围灯》
发明人：邹方镇，张超，黄思琪，岳俊茹，许景新，吴少鹏
（6）《一种智能救援装置》
发明人：邹方镇，张超，彭晴，黄秀娴，黄冠霖，邱壹宏，劳立明

创新训练项目

（1）《针对情绪亚健康人群的照明干预设备》
负责人：谢欣锐
成员：刘俊秀，刘道铭，叶青华，刘伊霖
指导老师：邹方镇
（2）《室内智能雾霾监测与警示设计研究》
负责人：黄夏怡
成员：赵绮琪，谢安斌，缪旭欣
指导老师：张超
（3）《基于注意力管理与休息提醒的智能台灯技术研究与应用》
负责人：龙成新
成员：李卓文
指导老师：邹方镇，张超，杨棉武（品牌主管）
（4）《基于情绪劝导技术的信息可视化的研究与应用》
负责人：岳俊茹
成员：黄思琪，许景新，吴少鹏
指导老师：吴刚（辅导员）
（5）《针对南海海域的救生衣智能灯光附件和配套搜救仪的研发》
负责人：黄秀娴
成员：彭晴，黄冠霖，邱壹宏，劳立明
指导老师：吴刚（辅导员）

2.2.5 优秀作品展示与点评
Excellent works display and comments

Jaime: The name is being used to create a reflection of oneself and the external influences. Playing with the words "ISL and you" or "Island and you" denotes the common statement of people and their surroundings. It expresses a time of loneliness, peace, calm or relaxation. The concept of a mobile lighting ball or pearl to become your companionship while walking in the darkness reflects strong meanings of spiritualism and comfort. The Chinese cultural interpretation is presented in different ways, such as the symbolism, the ancestral meanings of human and nature interaction as well as the daily needed among Chinese users and how technology can be useful. Nevertheless design can be thought to be used among other users worldwide too.

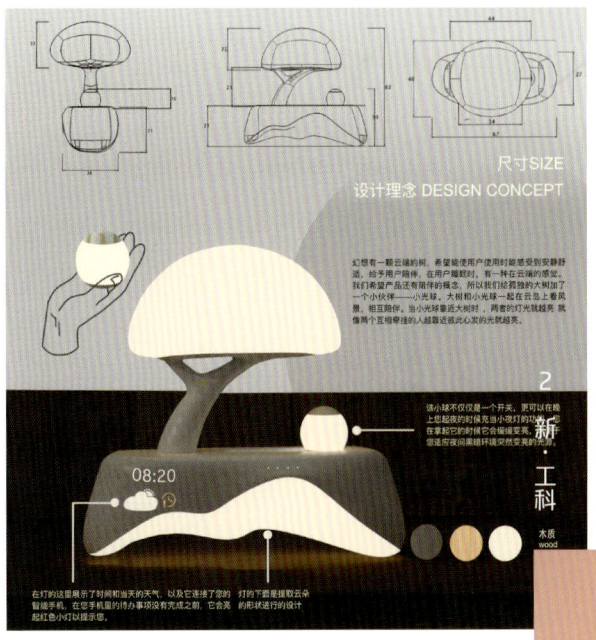

ISL-AND YOU

设计师：金白杨 李芷欣 冯友杨 刘家欣

SLEEP +
LIGHT
睡眠 +

We try to improve people's sleep experience by designing smart lighting products and Apps.
我们尝试通过设计智能照明产品与App来改善人们的睡眠体验。

因为我们灯的主要特点是从五感与灯光调节上改善用户睡眠体验,所以选取了"花"的造型来表达香气的调节,同时与气味的代表动物"大象"结合,抽象出有机仿生的造型进行设计。

睡眠 +

设计师:文锦涛 李琳琳 陈杏怡 张铭锋

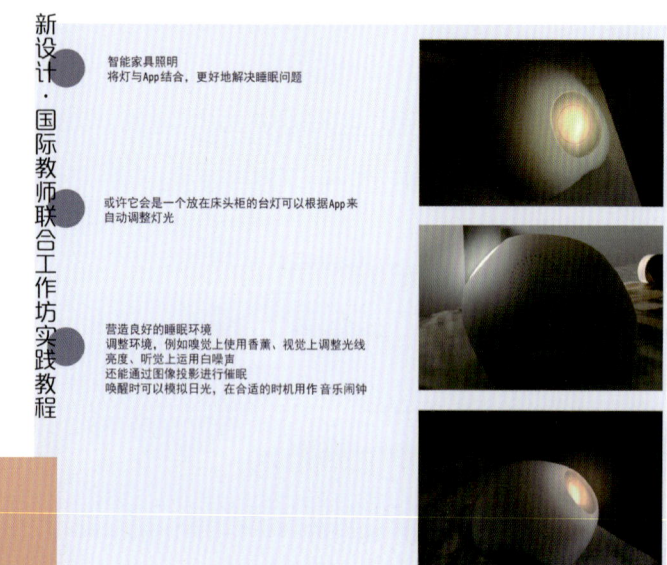

新设计·国际教师联合工作坊实践教程

智能家具照明
将灯与App结合,更好地解决睡眠问题

或许它会是一个放在床头柜的台灯可以根据App来自动调整灯光

营造良好的睡眠环境
调整环境,例如嗅觉上使用香薰、视觉上调整光线亮度、听觉上运用白噪声
还能通过图像投影进行催眠
唤醒时可以模拟日光,在合适的时机用作音乐闹钟

Jaime: This intelligent lighting concept design provides an interesting value which was designed during a human crisis period. The designers took into consideration the psychological effects of users in lock-down conditions and how the alternative therapies can relief the mental crisis statement. The implementation of lighting and aroma therapies for instance, have been scientifically proved to heal human stress. The shape of the lamp has a zoomorphic representation. It is represented by some type of cute pet which share your intimate space while sleeping. This representation could also be thought as a useful design solution to help against stress. The white color of the surface follows the current trend among home used smart gadgets.

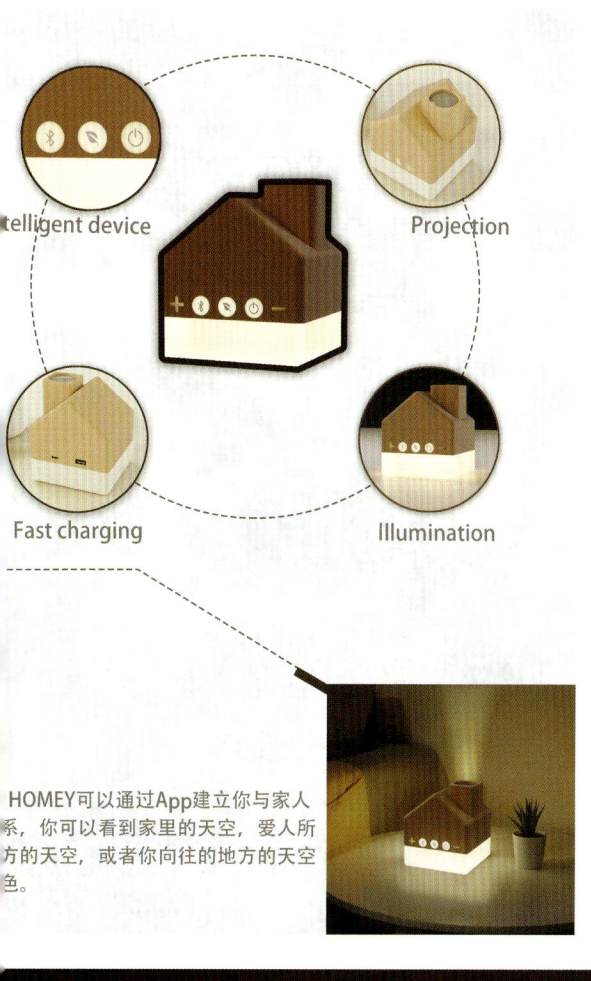

Jaime: It is a beautiful metaphor of feeling at home. The design has a deep background research in human mental health and how stress or homesick feelings can affect users' daily life performance. Among Chinese, it is very common that they need to travel far distances either to work or study and to leave behind house comfort, family and friends. The meaning of home becomes important and it is commonly set as a goal or reward after a period of hard work or studies. It is being seen as the place of peace and relaxation. This concept design plays with most of the senses turning itself as a multifunctional design. Apart of having the most advancing lighting features, it has the possibility to project images or videos through a projector device adapted within the components as well as to hear sounds or listen to music. The symbolic shape of a doll house has also a important function in order to make the other features applicable. You can turn the house at 90 degrees to make the projector works if users want to project videos against the wall. It is a concept design with a potential of implementations and commerciality.

Intelligent device
Projection
Fast charging
Illumination

HOMEY可以通过App建立你与家人联系，你可以看到家里的天空，爱人所在地方的天空，或者你向往的地方的天空颜色。

HOMEY
乡影

乡影

设计师：莫名慧　张炀　黄伯乐　潘广源　陈敏纯

Mu-light

设计说明：光是生命之源，当光随着节奏变化时，就会有生命。该产品提取喇叭图像并给出声音图像。磨砂玻璃与反光镜的结合，使光影柔和多变

FUNCTIONS 功能

光线随着节奏的变化而变化。
颜色、强度和速度的变化。

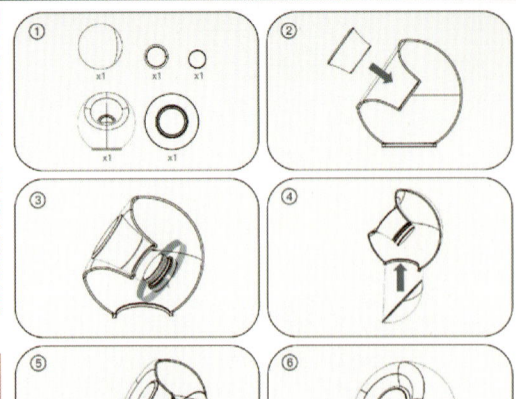

Jaime: The combination of sound and light is strongly presented in this lighting concept design solution. The functions and shape are being shown as a novelty with new technological implementations but at the same time retaking a retro spark of design. The design plays the role of basic lighting features but at the same time it could be used in special moments of amusement or entertainment. The design is stylish and elegant and it could be used not only at home but also in hospitality environments such as hotels, bars or restaurants. As an extra value of this concept, the assembly has a key role in this lamp solution. The designers figured out an easy assemble system for users.

Mu-light

设计师：谢琬婷 卢彦澄 余建承 刘益鑫

灰色控制面板,可以滑动光圈
RGB颜色和光强度
配备蓝牙和无线网络模块,允许用户更自由地创建自己的灯光

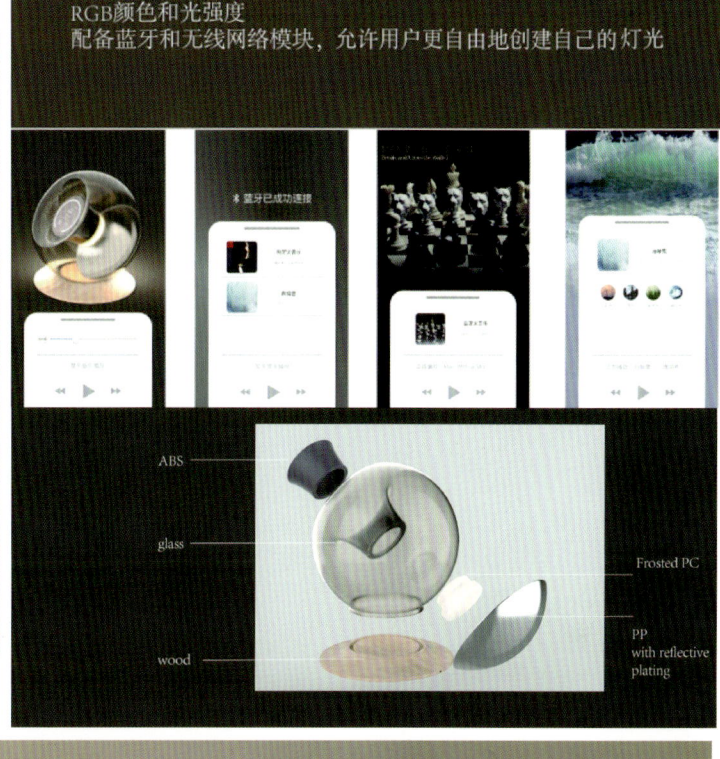

ABS
glass
wood
Frosted PC
PP with reflective plating

新·媒体

New - Media

| 智能交互与生物设计 |
| Intelligent Interaction and Biodesign |

| 智能手工艺设计 |
| Smart Handicraft Design |

| AR/VR 交互设计 |
| AR/VR Interaction Design |

3.1 智能交互与生物设计
Intelligent Interaction and Biodesign

Liqin Tan

汤晓颖

3.1.1　外教说·［美］Liqin Tan

With the hyper-evolution of biotechnological intelligence, bio-art and design entered the era of creative practice. Bio-artists and designers have also entered the laboratory to guide and manipulate the life process, using wet and flexible smart materials in industrial printing and construction. The bio-flexible design products in daily life are everywhere and gradually accepted by people. This workshop course aims to reconstruct the art design under the "post-human" life structure by taking biological life as the concern, biotechnology intelligence as the auxiliary tool, and intelligent biological material characteristics as the carrier.

随着生物技术智能的超速进化，生物艺术与设计进入创作实践时代。生物艺术家与设计师进入实验室引导和操纵生命过程，将湿柔智能材料应用于工业印刷和建筑。日常生活中的生物柔性设计产品随处可见，渐渐地被人们接受。

本工作坊旨在以生物生命为重点，以生物科技智能为辅助工具，以智慧生物材料特性为载体，重构"后人类"生命结构下的艺术设计。

3.1.2 知识构建
Knowledge building

1. 颠覆性的观念：强与弱 AI 交互艺术

AI 艺术之分类

弱 AI 艺术，强 AI 艺术，超级 AI 艺术。

弱 AI 艺术定义

在 AI 功能、判断和反馈能量都建立于事先人工设置的程序命令的基础上所产生的艺术。AI 在不具有生物情感、想象力和独立自觉的判断意识下形成的艺术，AI 在不拥有人类感官识别和全方位认知功能状况下创作的艺术。目前人类创作的 AI 艺术都属于弱 AI 艺术（工匠阶段）。

强 AI 艺术定义

非生物智能在具有生物情感、想象力和主观判断意识下创作的艺术，AI 将在与人类智能相近或超越人类智慧的状况下创作的艺术，具有生物与非生物智能融合后的创造力和审美特征。

弱→强 AI 艺术倾斜发展

目前弱 AI 技术正全方位地、逐渐地向强 AI 技术方向发展，AI 艺术也随之从弱智能向强智能艺术倾斜过渡。

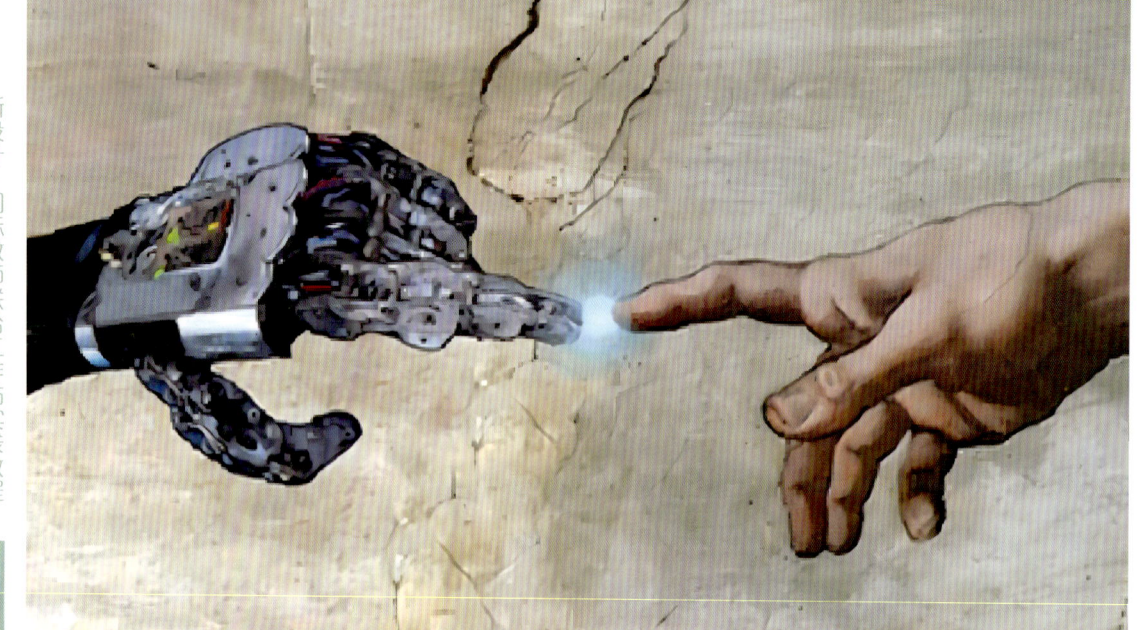

科技奇点图

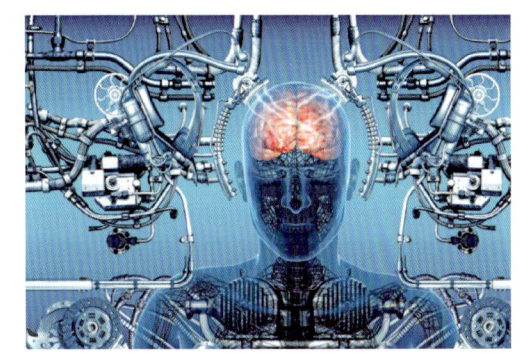

帕特里克·特赖索保罗系列素描机器人

神经修复术

2. 思维链接的认知：生物艺术

生物艺术的狭义内涵

在狭义上而言，生物艺术乃活的有生命的艺术。生物艺术家利用生命形态中的活体数据、活体元素、活体组织、活体特征，以生命繁殖、基因遗传与转变、生命克隆、活细胞和细菌培养等生物技术来进行有生命的艺术实践和创作，以及用其他颠覆性的科学手法和智能生物实验工具来操纵、剪辑与欣赏新型生命体的生命进程。

有生命的生物艺术作品包括人类、动物、昆虫、植物、藻类与菌类等，其艺术表现特点为生命成长过程、生命体、生命数据、生命特征、生命变化和生命时间表，艺术品的生命形态系统也转变为不完整、相对独立而隔离的状态，最后，以活的有生命的方式被展示和收藏。鉴于上述内涵便于理解，可称之为"活体生物艺术"。

生物艺术的广义内涵

就广义内涵而言，当代生物艺术涉及范围特别广，指的是艺术家将各个生物特征数据化、图像化、原理化、概念化、模仿和仿生化后，通过艺术形式重构的生物艺术作品，其表现特征包括无生命体和有生命体或者两者兼容。

无生命特征的生物艺术作品处于生命静态状态，包括所有生物组织图像、电子与原子力显微镜成像、生物架构功能与情感模拟、生物投影与动画、生物组织打印、生物基因排序组图、生命静态的生物音乐、生物人体细胞视频与装置。这些艺术作品都以生命静态方式被展示和收藏。鉴于无生命体生物艺术作品的特征和内涵，可称之为"静体生物艺术"。

3. 媒介的艺术突围：未来艺术的演绎与预言

李山的"蜻蜓与李山嵌合体"

"蜻蜓与李山嵌合体"是一件未来概念方案生物艺术作品，意在改变李山本身头部形态，使其上下身形成不同生物结合体。

3.1.3 思维训练
Thinking training

1. 新生物结构变异

生物装置艺术作品《百心脏》，艺术家把几百个真实人类心脏影像连成一体，将其放置于透明心脏保存仪中，并串联出一个巨大的心脏组合体装置。随着人类心脏的搏动，观众可看到流动的人造血液，它通过声音转换器发出一种深沉的"爱"之声。

在墙上、角落里和空中，一部分智能血管组织可与观众互动。在观众大脑意念的控制下，局部的智能毛细血管可变成立体的局部人体，慢慢蠕动并逐渐把活着的人类心脏包裹起来而放于自己体内。这些智能血管可随着观众的移动和控制而产生其他交互活动。

艺术家试图打破有多年历史的固定思维方式，尝试用血液循环系统与生命和生物系统关联。美国学者尤金·萨克说："我们之所以能够用多种方式来探讨生命，是因为我们已经假设了什么是生命，即生命不言自明、无须进一步检验……其实，生命本身已成为我们思维中未经检验的盲点。"

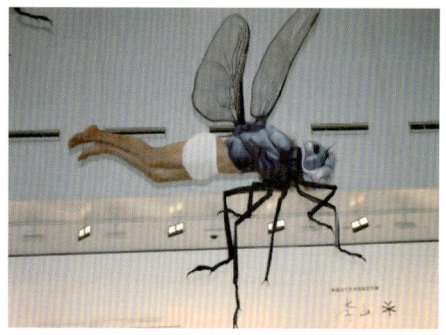

蜻蜓与李山嵌合体
设计师： 李山

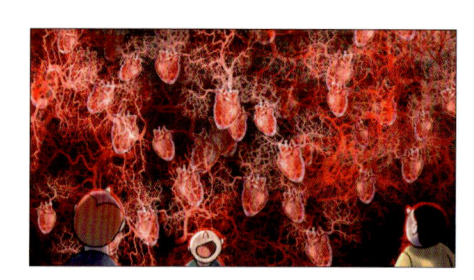

《百心脏》方案图，吕微微绘制

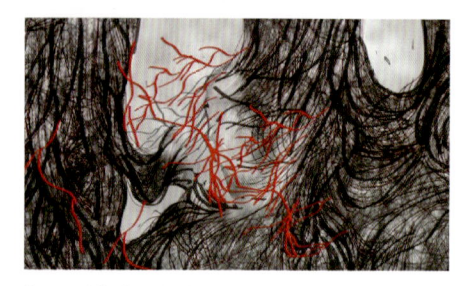

《百心脏》交互方案图，吕微微、罗诗琪绘制

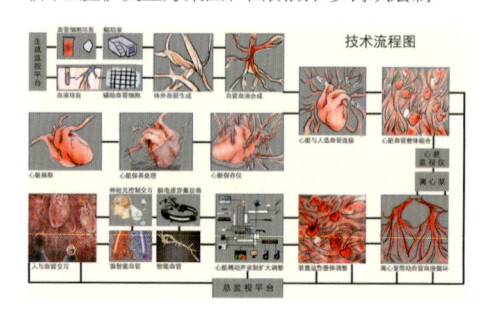

《百心脏》技术流程图，罗诗琪协助绘制

2. 生物材料打印

作品《自我细胞雕塑》为一座使用 3D 生物智能打印技术创造出的有生命的人体雕塑，它将艺术家自己的 DNA 和细胞作为打印纤维材料的原体基因结构，外形也以艺术家本人体形为基础进行变形、切割与扭转。雕塑各器官完好，血液循环，心脏跳动，完全是一个活着的"人体"。

过去，生命之美源于自然，没有大自然，那么一切都不复存在；今天，生命是自然的恩赐，但同时又可被控制和创造。反对者说，人类不可充当造物主，没有资格创造生命，破坏自然平衡。艺术家说，人类只不过是发现了自然界的深层生物规律，并利用此规律重新设计和操纵生命，大自然的道仍为孕育生命之神。批评者说，生命是世代自然绵延繁育和进化的，继承此规律才能延续万物生命。科学家说，生命不能被动地延续和进化，应与自然世界进行负责任的合理互动，新生命体的被创造将是万物进化的核心部分。

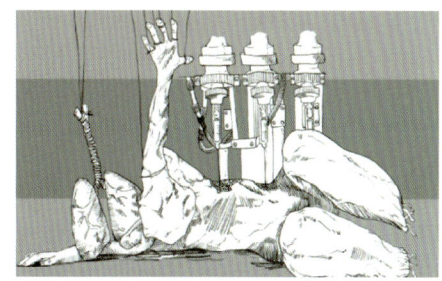

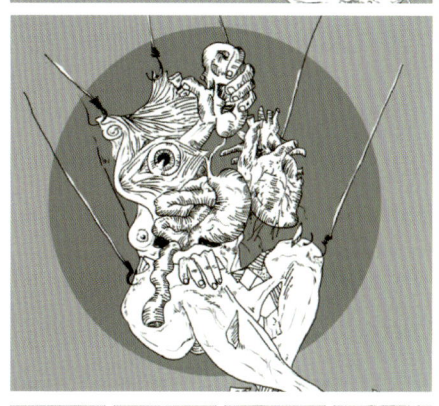

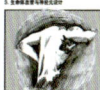

《自我细胞雕塑》，杨陶然绘制

关键艺术与技术支持示例表

世界首例人造生命	生命体打印	新型生物墨水	活体细胞 3D 打印机
2010 年，美国私立科研机构克雷格·文特尔研究所宣布世界首例人造生命诞生。 这是一种完全由人造基因控制的单细胞细菌、被科学家称为地球上第一个能自我复制的人造物种，其"生身父母"是计算机。 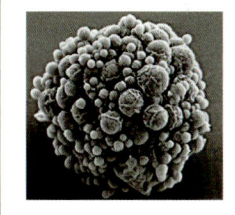	美国北卡罗来纳州维克森林大学浸信会医学中心开发出一种新技术，利用 3D 打印机打印"活的"身体部位，3D 打印带有微通道成风的组织，允许营养物质渗入组织。 	2016 年，英国布里斯托尔大学的科学家开发出一种新的含有细胞活组织的生物墨水。 特殊生物油墨制剂是从改装台式 3D 打印机挤出的，在 37℃时转化为凝胶，能打印出复杂活组织的三维结构。此技术被称为生物 3D 打印的又一次技术创新。 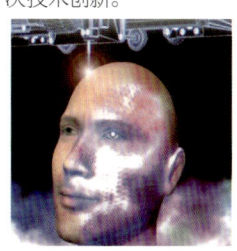	2015 年，BioBots 生物材料桌面 3D 打印机在美国出世，它可与生物材料和活细胞相结合，建立 3D 活组织和微型人体器官。它与传统的大型复杂的生物设备相反，以低成本打印出生物材料，为广大艺术家、生物材料和药品制作者提供了可使用的工具。 

3. 生物复原与生命种植

生物再生复原技术将给艺术家提供突破性人体行为艺术的技术支持，使艺术家在构思时充分利用生物原有和重新拥有的再生功能，进行肢体、器官、细胞复原艺术创作，从而表达更深层的、内在的、直接的对人类本身和生物肌体的诉求理念。

1997年，在麻省理工学院医学院和哈佛大学医学院，查尔斯·瓦康提博士、约瑟夫·P.瓦康提博士和现中国上海交通大学曹谊林教授（当时他为博士生）等，利用软骨细胞生长技术成功地在老鼠背部培养出人耳，世称之为"人耳鼠"。此作品当时轰动了全世界，同时也惊动了艺术界。其实，与其称瓦康提等人为科学家，不如称他们为生物艺术家，无论从任何角度而言，如构思之新颖、造型之独特、色泽之淳朴和生物技术之惊天突破，"人耳鼠"都是一件震撼人心的史无前例的生物艺术品。

人耳鼠，查尔斯·瓦康提、约瑟夫·P.瓦康提、曹谊林

4. 生命体物质转化

蒙迪胶瓮是一个人类生物文化公众项目，由意大利艺术家安娜·塞特利和拉乌尔·波勒咗共同设计和创作，旨在为人类生物逝世后提供一种未来埋葬方式，重新定义人类生物回归自然的含义。

艺术家制造了一个蛋形"种子"或称埋葬荚，将逝者身体置于"种子"内的胎儿位置，然后安葬它。一棵树种植在"种子"上，并从中收集营养物质而生长。这是逝者的纪念物，为后代和未来星球留下的遗产。家人和朋友可随时访问这棵充满生机的树木，视其为逝者生命的转换，并陪伴亲人一起生长。坟场将焕然一新，不再是一个沉闷的墓地，而是充满活力的森林，是神圣的"生命转化花园"。

蒙迪胶瓮，安娜·塞特利、拉乌尔·波勒咗

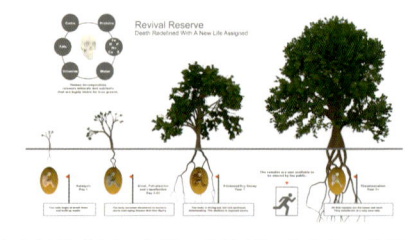

生命转化花园，安娜·塞特利、拉乌尔·波勒咗

关键艺术与技术支持示例表

再生复原医学	人类胚胎激活机制技术	猪器官种植与移植
1932年5月，马克金医生在蒙特利尔总医院做了末端指骨截肢手术，一个月后，X射线分析表明指骨已再生，肉眼观察也发现指甲和皮肤已再生。此事件是成年人手指端再生的最早记载之一。	中国科学院北京基因组研究所与国内多家科研机构合作，在国际上首次揭示了人类胚胎进行有序基因表达、发育进化的奥秘。首次研究了人类胚胎基因组的激活机制，找到了启动人类基因组表达的关键分子。	日本明治大学和京都府立大学的科学家团队通过转基因技术，找到了一种在猪体内生长的、可用于人体移植的器官培养方法。

3.1.4 能力提升
Competence enhancing

能力提升的环节主要以学生在老师的指导下进行实践和创作展开，主要设计环节包括下表中的四个方面。

能力提升示例表

特质与创作规律	当代智能交互与生物设计解析	艺术构思与理念生成	关键技术支持

1. 抓风的"皮肤"

（1）艺术作品描述

此作品是一个由大型智能材料构成的交互公共艺术装置。运用智能材料进行接收和感应，通过被触摸进行理解和互动并转化为数据，利用"DNA 接头"使整个智能材料的分子实现任意重组运动。自然中的风和雨在传导的过程中对外施加不同大小和方向的力，人的面部情绪和脑电数据丰富多样，均可成为装置的输入参数。体验者可以通过智能材料形状、颜色和动态的不同变化，感受到自然能量及自身情绪的变化。

（2）艺术理念

互联网中无法传播的"触感"与智能 AI 装置成为一个奇妙的组合。

自然：通过模拟人的皮肤感应能力，延伸转换为感受自然中自由的风和随性的雨，让这些自然能量成为人类强智能的动力。

人类：面部表情和意识的控制使智能材料能自主形变。

两种力量的不同控制，旨在探讨大自然的力量与人类超强智能力之间的碰撞，引起"大自然与人类谁将主宰世界"的思考。

学生小组讨论及设计过程
小组成员：孙嘉敏、吕新、朱思瑞、吴雪铭

（3）灵感来源

触摸是一种传达温暖和关怀的方式，但它也是人们感知周围世界的关键方式。触觉为人们提供了无法通过任何其他感官辨别的信息。例如，关于物质的温度、质地和质量，有时甚至是它的状态。

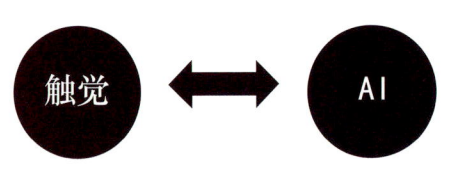

灵感来源示意图

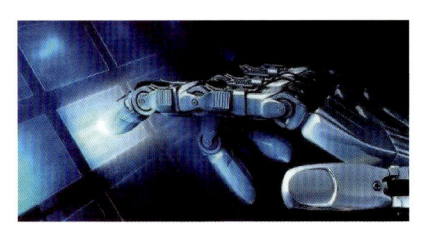

机器人感知架构

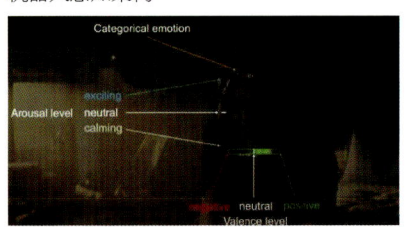

面部表情实时追踪

（4）艺术效果图

艺术灵感

《超能陆战队》中的微型模块化机器人，能够在人类的控制下随意排列组合，不受障碍物影响地完成各种任务。

宋代诗人释志南《绝句》中这样描写了自然中的风雨：沾衣欲湿杏花雨，吹面不寒杨柳风。意思是杏花时节的蒙蒙细雨，像故意要沾湿我的衣裳似的下个不停；吹拂着脸庞的微风已感觉不到寒意，嫩绿的柳条随风舞动，格外轻飚。此处描写的是人对自然风雨的感受。

微型模块化机器人 　　释志南的《绝句》

由自然能量主导的装置

由人类情绪及脑电数据主导的装置

（5）技术流程图

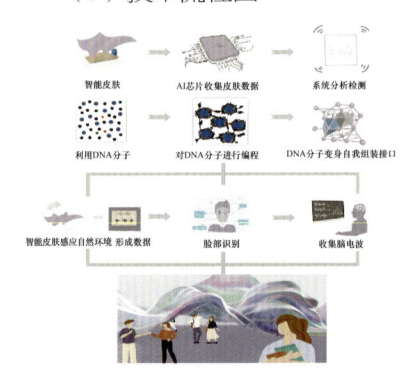

技术灵感

加州大学伯克利分校的科学家开发了一种主要依赖于触摸而非视觉的机器人感知架构。

面部表情实时追踪技术主要通过特定五官来分析面部表情，并实现分析人脸在自然状态下的情绪特征。

（6）艺术流程图

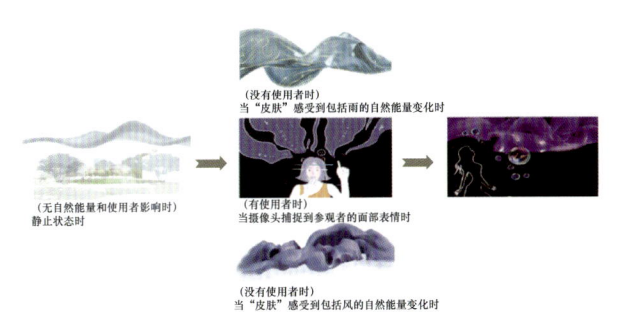

（无自然能量和使用者影响时）
静止状态时

（没有使用者时）
当"皮肤"感受到包括雨的自然能量变化时

（有使用者时）
当摄像头捕捉到参观者的面部表情时

（没有使用者时）
当"皮肤"感受到包括风的自然能量变化时

（7）关键技术
① "皮肤" ReSkin 智能材料
Meta（原 Facebook 公司）发布了一款触摸感应"皮肤"ReSkin，其利用机器学习和磁感应，采用无监督学习算法来帮助自动校准触摸传感器。其材料对公共艺术装置来说具有相对廉价、多功能、耐用且可替换、长期使用的优点。

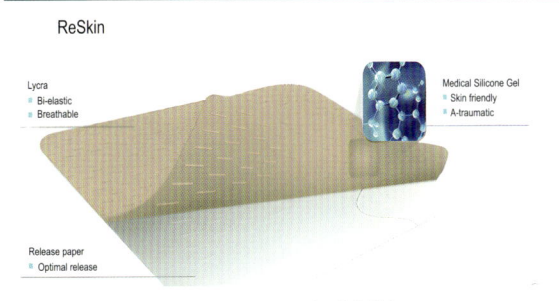

"皮肤"ReSkin 智能材料

② 利用 DNA 分子自我组装打造"智能材料"
通过这项技术人们可以对粒子编程，从而制造出具有定制特性的结构，利用自然法则，DNA 分子可变身组装创造一个全新的"智能材料"。因为弱相互作用力，分子自发地互相吸引并协同工作，从而可以设计一套程序，给一个初始命令，当 DNA 响应指令开始自组装，就能实现材料"活起来"，使智能材料发生动态变化。

③ 根据脑电波信号生成图像信息技术
芬兰赫尔辛基大学研究人员研发出一项脑机交互技术，可以让计算机通过监测脑电波信号推测特定场景中人脑中的想法，并生成相应图像信息。这种脑机交互技术首次利用 AI 技术对脑电波信号和计算机显示的信息同时建模，通过人脑和人工神经网络的交互作用，使计算机制作出与人脑在特定场景下关注到的事物或特征相对应的图像，可应用于心理学和认知神经科学。在此领域艺术装置的应用是将脑电波信号生成的图像信息输入智能材料中。

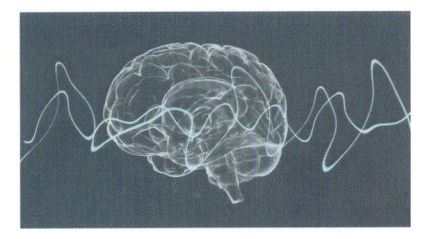

脑电波示意图

④ 面部表情识别技术
科研级别的面部表情检测系统——美国 GAZETECH 开发的 gFace，除基础的情绪指标外，还具备多种微表情指标、面部特征点和头部行为识别，以及数据存储和传输功能。

面部表情识别图

2. 第二大脑交互

（1）艺术作品描述

此产品是一个使用"量子采集血清素"和"可触碰的全息投影"技术，将第二大脑状态转化为可视化，然后与其进行交互的艺术装置。

肠神经系统（ENS）称为第二大脑，其中血清素掌握多种神经传导物质。此产品主要把血清素作为主要数值进行分析，体验者佩戴面罩，量子传感器采集体验者血清素，将其传输进计算机，根据血清素数值进行两大部分的分类，正常值1将生成绿色健康的全息投影，非正常值2将生成红色带有警告意义的全息投影，体验者与之交互。

（2）艺术理念

本装置旨在通过人类第一大脑和第二大脑交互的碰撞，来探索人类行为中第二大脑的有限性和独立性。

（3）灵感来源

艺术灵感

论文：胡斌——新技术环境下的艺术与生物、生理实验。作为对"当代艺术中的生理实验"这一课题的初步判断的展览，显然，这里面涉及的层次是不一样的。另一位长期涉足身体话题的艺术家冯峰，其实是透过身体来获得对世界的认识的。他凭借对身体各个部位的极具视觉震撼的展现，使观众联想到一系列以文明名义的霸权及支离破碎世界景况。他还改装身体器官与生殖系统来形成对消费社会症状的讽喻。此时，身体是看世界的一个介质。

艺术家吴珏辉的早期机械装置作品《手势》也存在类似的探索取向，他以机械模仿了人手敲击计算机键盘的动作。然而，后来吴珏辉试图进入更深的人机互动的生理体验层面。

学生小组讨论及设计过程
小组成员：唐笠停、超薇、沈成林、詹靖忠、容晓滨、李进锋

（4）艺术效果图

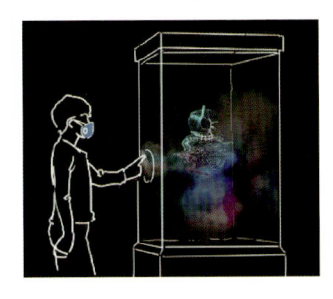

（6）技术流程图

1. 体验者佩戴口罩　2. 传感器采集胃部血清素　3. 将血清素信息传输到计算机　4. 计算机进行可视化处理

7. 全息投影触碰　6. 数据以全息投影展现出来　5. 数据输入全息投影

（5）艺术流程图

佩戴面罩采集血清素

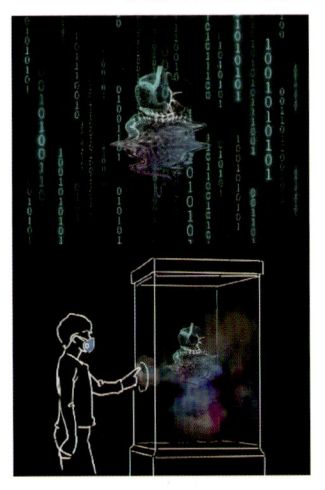

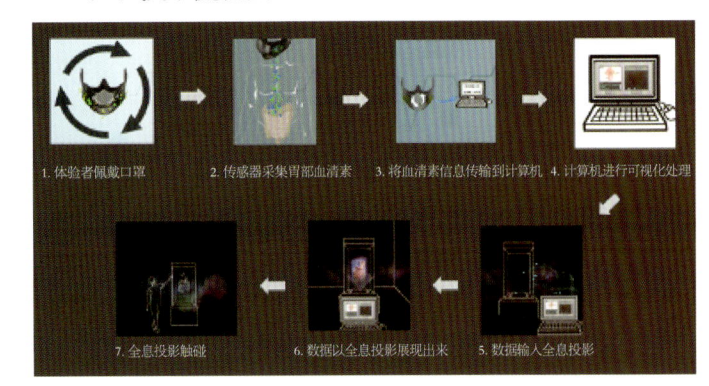

（7）关键技术

① 可触碰全息投影

格拉斯哥大学的可弯曲电子和传感技术研究小组开发了一个使用"空气触觉"的人的全息图系统，通过空气喷射产生触摸感。这些空气喷射在人们的手指、手掌和手腕上，传递着一种触感。随着时间的推移，这可以让你遇到世界另一端同事的虚拟化身，并真正感受到与他握手。

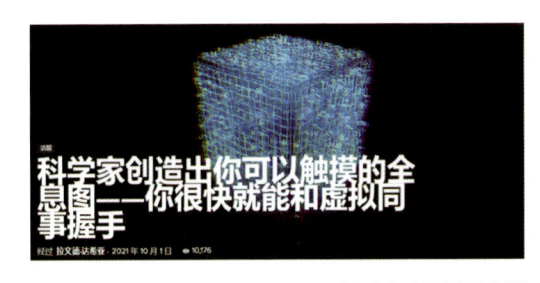

等待数据转换为图像

可触碰全息投影示意图

② 用量子点接触传感器检测血清素

一种基于寻找光谱呼吸剖面的实时检测方法，基于呼吸分析的非侵入性诊断工具。

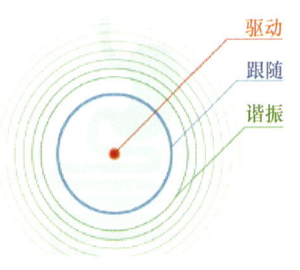

图像全息投影在装置内

体验者交互

用量子点接触传感器检测血清素示意图

3. 法外空间

（1）艺术作品描述

此作品为一项活体生物修复材料密闭空间装置，利用可快速修复活体材料构成一个密闭空间。体验者可以肆意破坏空间内利用活体材料修复技术制作成的物品，例如，当他破坏由硅胶材料制成的小人时，警笛声会响起。体验者的破坏痕迹会被摄像镜头记录下来，但其所破坏的物品能很快得到修复。

（2）艺术理念

作品警示人们：当出现施暴行为时，留给受害者的伤口可以愈合，但伤疤却会被永远记录。所有情感都需要节制，如孔子所言：随心所欲不逾矩。人在发泄愤怒的情绪时必须受到法律的约束，在法治的轨道上正常释放。

（3）灵感来源

社会灵感

当暴力事件被曝光时，恐惧和不安笼罩在无数人心上。对受害者而言，身体上的伤害或许可以被治愈，但心理上的痛苦却无法抹平。

技术灵感

中国科学院深圳先进技术研究院合成所、深圳合成院戴卓君课题组与集成所刘志远课题组合作发表于 *Nature Chemical Biology* 的最新成果。研究团队针对活体功能材料这一领域，提出了一种全新的可快速修复的活体材料构建思路。团队分别构建了表面展示有抗原和纳米抗体的两种工程菌株，然后以一定比例混合，通过抗原与抗体间的快速相互作用，制备出稳定的具有高效自修复能力的 LAMBA 前体材料。

学生小组讨论及设计过程
小组成员：侯佳佳、万舜、冯锦杰、李巍浩、杨思琦、周鑫

（4）艺术效果图

② 结合压力传感器外联报警器原理

硅胶小人身体内嵌压力传感报警器部件，由压力传感器附加外围电路连接报警器装置，当体验者破坏小人时，硅胶小人身体压强改变从而发出警示声。

（5）艺术流程图

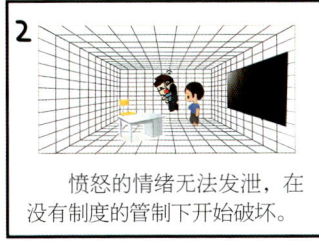

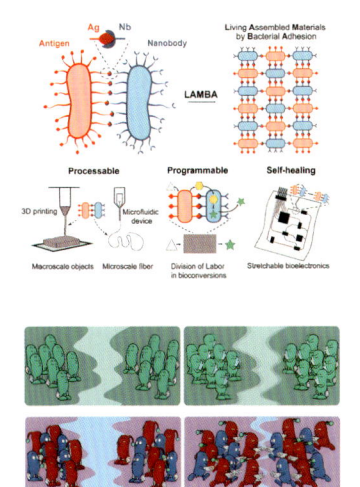

1. 体验者充满戾气，需要发泄。
2. 愤怒的情绪无法发泄，在没有制度的管制下开始破坏。
3. 情绪得到触发，且被破坏的痕迹无法被发现，破坏欲望愈加强烈。随着破坏装置受到压力发出警告。
4. 体验过后，得知自己所产生的暴行，触动人性的心灵，开始反思。

（6）关键技术

① 生物活体材料实现强大的自修复能力

LAMBA 材料的导电性能依然能维持稳定。而且，遭破坏后，LAMBA 材料可在短时间内快速修复至原有性能。由于 LAMBA 前体材料性质与水凝胶相近，因此，结合传统的材料加工工艺（如 3D 打印、微流控等）就可以将 LAMBA 材料自由地加工成形态、性能各异的材料。LAMBA 材料具备超强自修复能力及智能编程能力，可进一步应用于生活物品及建筑构造。

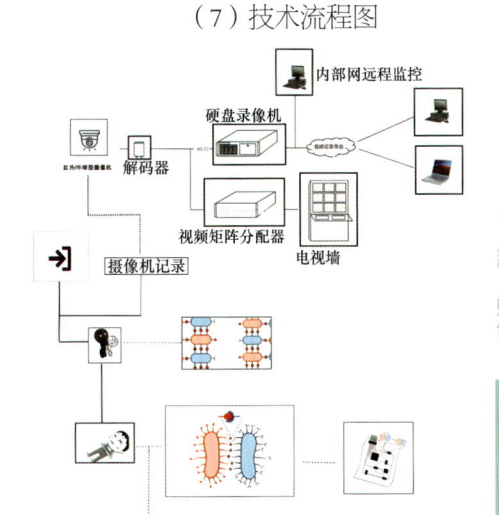

（7）技术流程图

4. 细胞情绪

（1）艺术作品描述

此作品是利用文字生成图像技术和智能神经识别扫描仪制作的艺术装置。这个艺术装置可以捕捉用户写下文字过程中的情绪，让用户看到自己在某个情绪下的细胞分裂成像，以此展现用户的细胞和情绪之间的联系。

（2）艺术理念

文字可以反映人的心境和情绪。我们利用文字转3D成像的方式让细胞分裂成为人类情绪表达的新载体，以此来探讨细胞分裂的多重性与人类情绪的反馈性之间的关联。

（3）艺术流程图

"你的身体比你想象中更加了解你。"——《生命的反转：急重症A科医生手记》。

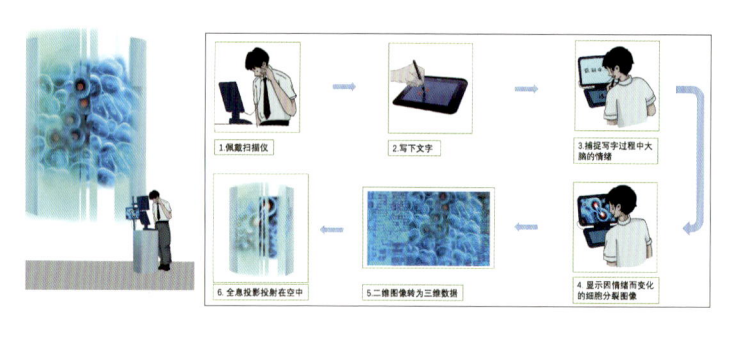

学生小组讨论及制作过程
小组成员：李王珍、刘恩廷、林嘉宇、雷铭思、骆星宇

（4）技术流程示意图

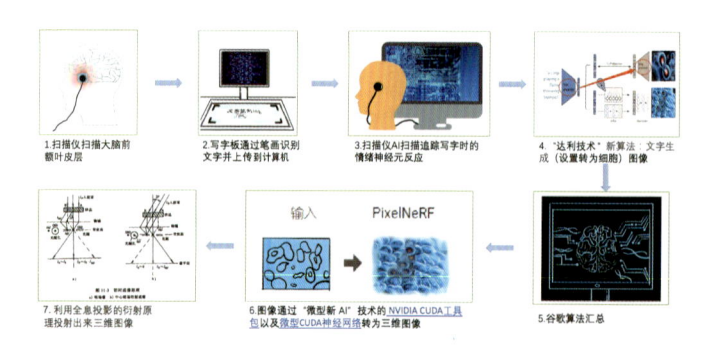

5. 光伏过滤器

（1）作品描述

将可再生生物光伏电池应用于鱼缸过滤器，并使用广泛存在的蓝绿藻作为供电系统。

（2）艺术理念

本作品旨在将再生生物光伏电池替代电线供电，更利于节能环保。而设计的珊瑚礁造型可用于鱼缸装饰。

（3）艺术效果图

（4）技术流程图

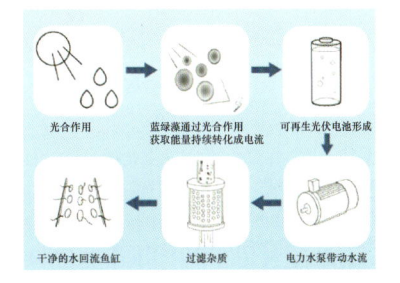

（5）艺术流程图

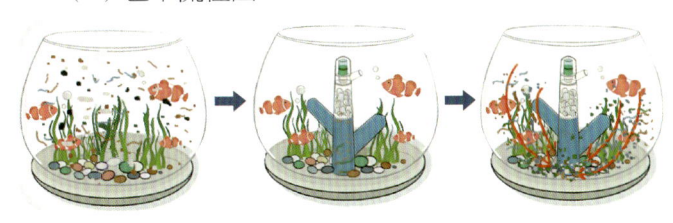

学生小组讨论及制作过程
小组成员：何镘辉、茅孟坤、黄曦、卢子豪

3.2 智能手工艺设计
Smart Handicraft Design

Sean Clark

纪毅

3.2.1 外教说·［英］Sean Clark

I have been running smart handicraft international workshop with GDUT colleagues since 2018. Initially, these were held face-to-face at the University, but during 2020-2022, we were tunning them online using video conferencing software. The goals of the courses have, however, remained the same - to introduce people to computer programming and to get them "digital-making". We have used a variety of technologies over the past 4 years, including Arduino, WebVR, Scratch, BBC micro:bit, LED Lights, 3D modeling, and 3D printing. Since moving the course online we have focused mostly on Scratch for learning the basics of computer programming and BBC micro:bit and LED Lights for learning about computer hardware. Both technologies have graphical web-based programming environments and come with plenty of online learning resources.

自 2018 年以来，我一直在广东工业大学开设智能手工艺国际工作坊课程。最初，这些工作坊是在学校线下举行的。但 2020—2022 年期间，我们使用视频会议软件开展在线教学。然而，该课程的目标始终是相同的，即向学生介绍计算机编程并让他们开展"数字化创作"。在过去的 4 年中，我们使用了多种技术，包括 Arduino、WebVR、Scratch、BBC micro:bit、LED Lights、3D 建模 和 3D 打印。 在线上教学期间，我们主要通过 Scratch 来介绍计算机编程的基础知识，辅以 BBC micro:bit 和 LED Lights 来介绍计算机硬件知识。这两种技术都具有图形化编程环境，并带有大量在线学习资源。

Firstly, we introduce the students to Scratch, a graphical programming environment that helps users understand key programming concepts, such as variables, control structures, and functions. Then the students develop a computer game using Scratch that could be used to help people learn about Cantonese porcelain or Guangcai porcelain. We then move on to using the on-screen pen extension of Scratch to create computer drawings in the style of well-known computer artists. Students produce demonstrations of both projects and present their work to the teaching staff and their classmates.

For their major project, students use a BBC Micro:bit microcontroller and learn how to control an LED light strip. The students are shown how to write a program on the BBC Micro:bit that can change the colours of the LED strip in response to changes in sound and light levels. Having learned how to control the LEDs, the students then use their making skills to create an interactive lamp that incorporates the lighting strip.

By the end of the course, we hope that students are inspired to learn more about computer programming, and will be ready to move on to other languages. The major project, in particular, shows them how to specify, design, and build a digital-making project and present it to their peers.

  首先，我们向学生介绍 Scratch，这是一个图形化编程环境，可帮助用户理解变量、控制结构和函数等关键编程概念。然后，学生使用 Scratch 开发了一款计算机游戏，用来帮助人们了解广彩瓷文化知识。接着，我们继续使用 Scratch 的屏幕笔扩展功能来创建具有知名计算机艺术家风格的计算机绘图。学生设计制作两个项目并向老师、助教及同学展示他们的作品。

  在主要项目创作中，学生使用 BBC micro:bit 微控制器并学习如何控制 LED 灯带。学生学习如何在 BBC micro:bit 上编写程序，如何根据声音和光线的变化使用编程来改变 LED 灯带的颜色。在此之后，学生们可以利用所学技能制作一个包含灯带的交互式灯具。

  在课程结束时，我们希望学生受到启发，主动学习更多关于计算机编程的知识，并准备好拓展学习其他计算机语言。值得一提的是，交互式灯具设计项目的制作过程能充分地体现学生说明、设计和构建一个数字化项目并向同学展示成果的能力。

3.2.2 知识构建
Knowledge building

知识建构目标

　　从现代技术角度重新解读与建构传统非遗内容，帮助学生构建对传统手工艺的个性化认知图谱，形成个性化理解与创新。同时，学生可借助课程辅助教学工具，包括广彩知识卡片、Web-AR 广彩系统、广彩在线教学平台及小程序等技术产物，辅助其认知图谱的形成。

多层次教学模式课程结构图		知识联系	初步介绍广彩知识	赴广州民间艺术博物馆参观；民间艺人与参与者交流文创产品的创作理念及方法	广彩知识体系初步建立	基础知识的积累	文化知识了解	逐步提高传统手工艺的创新能力，培养跨领域的综合型人才
			界面介绍及软件操作					
			用Scratch描摹广彩的图案					
		能力提升	广彩知识深入探究	邀请英国德蒙福特大学教授授课	运用建构主义学习理论，深入了解和掌握广彩的知识	基础知识的初步应用	文化特征探究	
			Scratch专业技能操作					
			广彩主题的动画/游戏设计	与口可口可科技有限公司的实体项目对接				
		思维训练	广彩的元素应用，熟悉Fusion360界面	邀请创新班导师授课	在创新工具的支持下，打破传统的设计思维，建立创新思维	多学科知识的融合	文化内涵理解	
			Fusion360专业技能					
			以广彩为主题的灯具设计	与照明产品公司对接				
		创新设计	广彩元素的应用	与意米欧公司对接以实体项目为导向的灯具设计实践课程	采用项目导向的团队合作方式，提升广彩的认知深度和综合能力	跨学科知识的应用	文创产品设计	
			3D打印、陶瓷打印、激光雕刻等成型技术					
			灯具模型制作，智能交互模式设计，产品完善					
		价值生成	广彩个性化认知图谱的形成	优秀的成果将进行国内外巡回展览，还将与企业进一步合作，转化为批量化生产或发行的产品	在教师评价、学生互评、自我评价等方面形成对广彩的个性化认知	个性化认知与自我表达	文化认知表达	
			形成项目工作的个性化评价体系					
			报告项目结果（自我评估/互相评估）					

多层次教学模式课程结构图

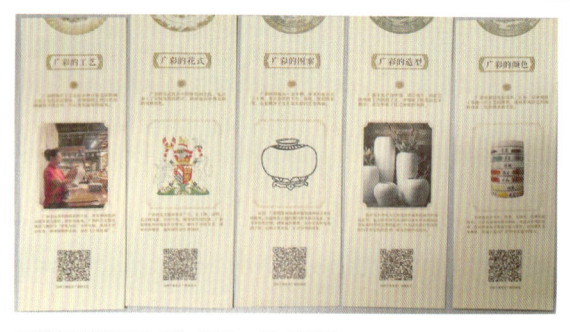

可供扫码学习广彩知识的二维码便签

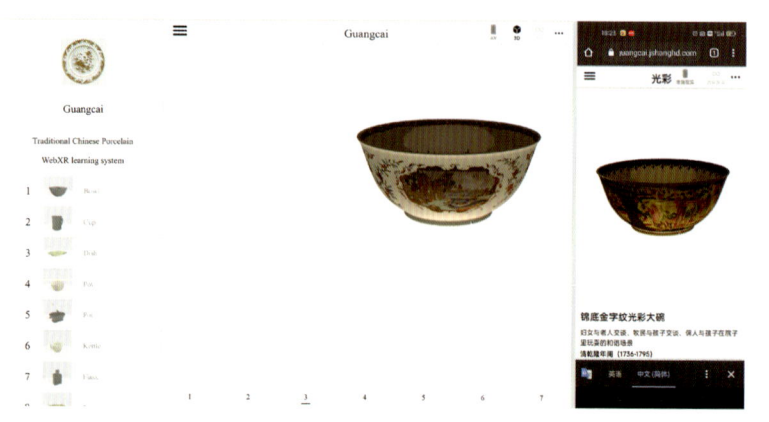

Web-AR 广彩系统 　　　　　　　　　　　　　　　　　　　　广彩小程序

1. 广彩的故事

（1）广彩的产生

清康熙中晚期（约 1662 年）起始，广彩是"广州织金彩瓷"的简称，又称"广东彩""广州彩瓷"，是在白瓷胎面绘制彩图的釉上彩瓷，是广州地区的著名民间手工艺品。广州是"海上丝绸之路"重要的贸易港和通商口岸。清代时，外国人在广州进行贸易的专门地方称为"十三行"。在广州作为起始点的海上贸易航路上，瓷器受到欧洲皇室、贵族的热烈追捧。当时的瓷器大多在江西景德镇生产再运往广州出口，为了避免运输过程中的损耗和图案错误，广州商人们开始从景德镇运来还未上彩的白胎素瓷，再把景德镇的师傅请到广州来绘彩和授艺，并在广州城西开炉烘烧彩瓷。这便是广州开始生产广彩的缘由。

广彩人物纹大碗

广州"十三行"

（2）广彩的兴起

清雍正年间（1661—1735 年），江西人杨快和曹钧在广州逛街走市场时，发现外国人尤其偏爱瓷器等中国的传统器物。于是，他们就在从自己家乡景德镇带来的白瓷瓶、白瓷盘上做文章，绘上了繁花图案，烧制出夺目又新潮别致的瓷器。这些瓷器受到外国人的青睐，个个争先购买。之后，二人干脆在广州开设作坊，专心绘制彩瓷。就这样，彩瓷生意越做越好，他们还招收了徒弟，逐渐地，广彩业就发展起来了。广彩行内把农历八月初四定为师傅诞，每年的师傅诞，行业都举行隆重的纪念仪式，祭祀这两位广彩先贤。虽然这只是一个传说，不一定真实，但反映出广彩的初创阶段或模仿景德镇彩瓷纹样，或根据外国客人的要求来制作。因此，人们也称这一时期的广彩特点为"式样奇巧，岁无定样"！

广彩徽章纹花口盘

（3）广彩的形成

清乾隆和嘉庆时期（1736—1820年），广彩慢慢具有了自己独特的风格。广彩不但根据西方人的审美习惯，逐渐使用金彩，还研制了新颜料。麻色是欧洲人十分偏爱的颜色。麻色多用来画鸟羽、树干、人物肤色，只能直接用于瓷面，不能覆盖其他颜色。这个时期的广彩越来越频繁地使用中国瓷器传统绘制中的"开光"和"锦地"。"开光"又称"开窗"，是指在瓷器的显著部位画出各种形状的框，在框内画上山水、人物、花卉等主题纹饰。"锦地"是指仿照缎锦的纹样作为瓷器装饰，后来发展为"织金地"且普遍用于各种瓷器，成为广彩花色的基础。

蚬壳形菊花双鸟纹碟

山水风景图盘

（4）广彩的繁盛

清道光至宣统时期（1821—1912年），欧洲生产出来的高档瓷器也有中国生产的那么漂亮，所以欧洲人不再需要到中国来购买瓷器，因此广彩卖到欧洲的数量自然就下降了。但早在1784年，美国的"中国皇后号"载着美国的西洋参、皮革、胡椒等货物来到广州，然后把中国的瓷器、漆器、丝绸等带回去，在美国掀起了"中国热"。从这以后，广彩的市场从欧洲转到了美洲，最终在晚清进入鼎盛时期。道光至光绪时期，广彩进入最为繁盛的阶段。在色彩方面，广彩使用的颜料从早期的几种增加到几十种之多。

随着订单越来越多，广彩工匠为便于批量生产，把零碎装饰纹样固定下来。有了固定的图案、构图，工匠就能在闲时先画好"底"，做好半成品，赶货时只需画开光内的主图即可，能节省时间，有利于保证按时交货。另外，还把原来一件产品由一个人全程负责完成改为分工序，由掌握不同专长或不同技术等级的工匠分工完成。

广彩花蝶纹六棱形花盘

广彩人物纹折腰盘

（5）民国的发展

中华民国（1912—1949年）初年，由于一些知识界和画家的参与，使广彩瓷画有了创新之作，并出现了新彩绘组织，如广东博物商会。该商会是清末当时的一些知名画家、岭南画派的创始人高剑父、陈树人等创办的，主要从事彩瓷的研究和生产，因此，当时也绘制了不少广彩瓷器，可惜多已外销，留下来的很少。

然而，早在19世纪末期，日本就在中国境内开设了瓷厂，生产的瓷器款式更接近西方特点，而且比较轻、薄，能够节约运费，因此受到各个出口瓷庄的欢迎。彼时，景德镇等地的瓷厂纷纷倒闭。

1945年左右，为谋出路，原先的瓷厂纷纷迁到中国香港，艺人也随之迁走，不久中国香港便取代了广州的广彩生产地位。后来，中国澳门的广彩业发展起来了。广彩在她的出生地——广州，反倒"消失"了。

（6）当代的发展

1949年后，港澳地区部分广彩艺人响应号召，回到广州，与原来的一些工匠共同努力，筹办建厂，广彩得以恢复生产。1956年8月，广彩瓷工艺厂组建，1958年改名为广州市织金彩瓷工艺厂。1960年，广州市织金彩瓷工艺厂发明了一种盖印工艺，类似于现在的盖印章，可以把以前要手工画的图案用盖印章的形式完成，提高了广彩的生产效率。

此后，广彩的发展经历了繁荣和低谷。2008年，"广彩瓷烧制技艺"被列入第二批国家级非物质文化遗产代表性项目名录，它的当代传承引起了公众的关注，广彩因此重新焕发了生机。

除了传统的广彩作品，现代广彩人更是将广彩融入生活当中，创作出一系列既实用又精美的广彩作品。

广彩群鹿纹圆瓷盘

广彩肖像定制装饰画

广彩鹌鹑纹盘

广彩家用香薰座

2. 广彩的工具

广彩工具包括毛笔、墨盒、原料盒、擂色锤、色铲、擂色碗、水盅、令圈笔与枕箱等。

毛笔包括瓷黑笔、亮黑笔、颜料笔、车线笔、大绿笔、封边笔、牙白笔、大红笔、填金笔等。

广彩工具：毛笔

墨盒与平常的书法用的墨盒一样，用于盛放广彩颜料等。

广彩工具：墨盒

原料盒为广彩艺人特制的原料盒，用于存放事先准备好的颜料，一层层叠起来的盒子使颜料的水分不易蒸发，也便于艺人蘸取颜料。

广彩工具：原料盒

擂色锤和色铲。擂色锤用于研磨颜料粉末，色铲的作用就是在擂色完成后堆放颜料。

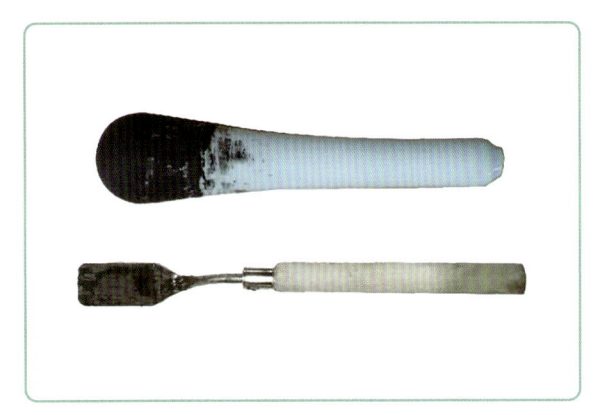

广彩工具：擂色锤、色铲

擂色碗。擂色碗多数是阔口碗，用于盛放、研磨、调制颜样。

广彩工具：擂色碗

水盅。与平常的书法用的水盅一样，用于洗笔，有时还会用来盛放颜料。

广彩工具：水盅

3. 广彩的器型

　　广彩的器型除社会审美因素外，主要取决于使用功能的要求及生产制作的工艺水平。按照不同的用途可分为日用类、艺术欣赏类和礼品类，其中以餐具等具有实用性的盘、瓶、碗、碟的造型器皿最多。

　　（1）广彩盘。其基本器型为敞口、浅腹、平底、高足或圈足。按照功能可分为果盘、汤盘、托盘等；按照形状可分为花口盘、折沿盘、卧足盘等。

　　（2）广彩碗。碗的种类包括圆形碗、瓣口碗、盖碗等。带盖的小碗用作茶具，流行于清。清康熙时期，碗的造型有撇口折沿式、敞口式两种。

　　（3）在广彩的器型中，瓶子是一个很大的门类，各式各样的瓶子，造型繁多，令人惊叹。从整体形态上大体可分为圆瓶、方瓶、扁瓶等。

　　（4）广彩盆。盆的体型相对较大，根据形态可分为圆盆、方盆、椭圆盘等。部分瓷盆在生活中也具有实用性功能，如室内盆栽的主要用器花盆、带碟盆、带盖瓷盆等。

　　（5）广彩杯。杯从古至今其主要功能都是用于饮酒或饮茶。基本器型大多是直口或敞口，口沿直径与杯高近乎相等，有平底、圈足或高足，清代杯多直口、深腹。

　　（6）广彩罐。罐是盛东西用的大口器皿，多为陶瓷制品。具有密封效果，用于储藏食物。广彩罐的类型也有很多，如冬瓜罐、方罐、盖罐等。

　　（7）广彩壶。通常用于盛茶、酒等液体。早期壶型由口、颈、腹、足构成，有的加双耳、无流与柄。常见的类型有倒流壶、奶壶、执壶等。

　　（8）广彩盒。主要用于盛放化妆用品、药品和香料，如镜盒、粉盒、笔盒、印盒等。一般为圆形，也有方形、椭圆形、花形等其他造型。品种多样，装饰华美。

　　（9）其他。广彩的器型有不同搭配，除配备各种不同规格的盘、碟、碗外，还有调味瓶、烛台等多种式样的陈设摆件。这些组合又因不同国家的生活习惯而有所不同。

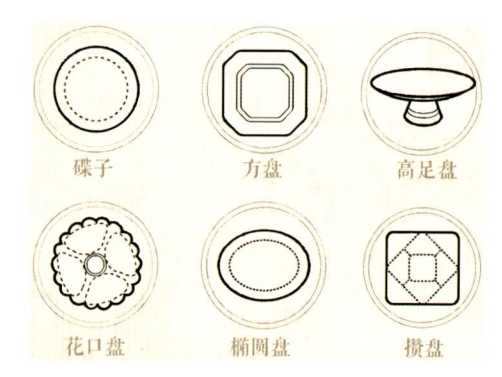

广彩盘

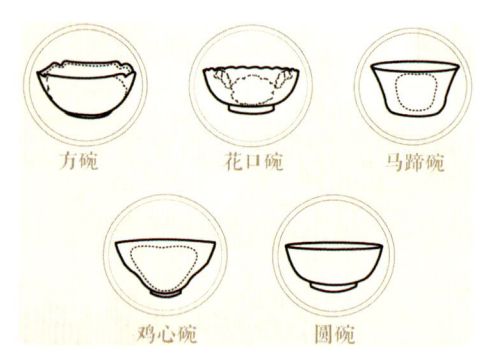

广彩碗

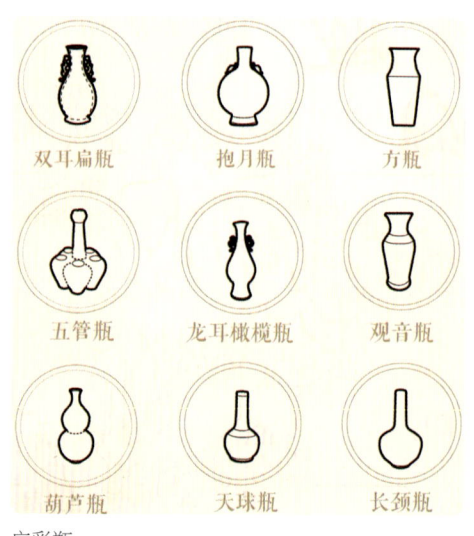

广彩瓶

六方花盆	盖盆	倒流壶　奶壶　执壶
		广彩壶
圆盆	葵口花盆	
	广彩盆	方盒　皂盒
 双耳方杯　高足杯　马克杯		
双耳杯　盖盅		多层盒　盖盒
	广彩杯	广彩盒
 汤罐　将军罐　瓜棱罐		
冬瓜罐　方罐　盖罐		 烛台　镂空果篮
	广彩罐	其他

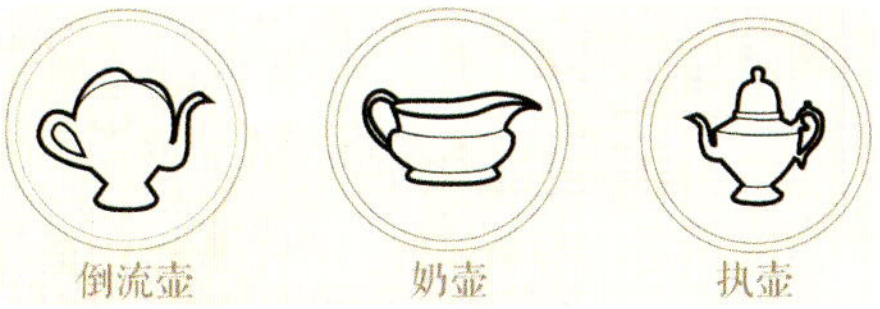

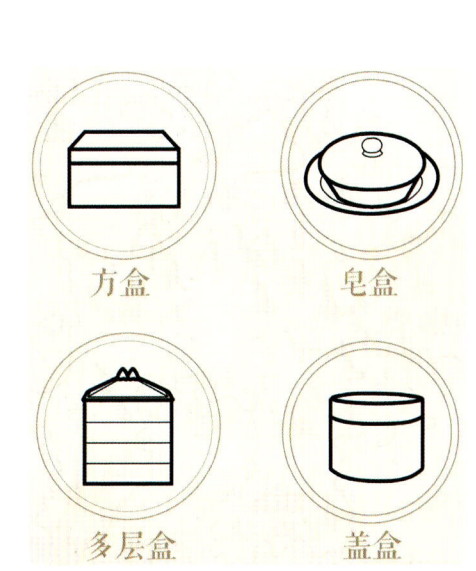

3 新·媒体

4. 广彩的图案

> 广彩使用的图案有一百多种，常用的也有五六十种。各式各样的斗方、锦地图案、边脚间隔图案和组织图案，也显现出广彩丰富的文化内涵。

斗方。主题斗方用来分隔瓷器中的花式和各种点缀装饰，大都会画在瓷器中显眼的中心位置。边饰斗方则多画在瓷器的边缘处。

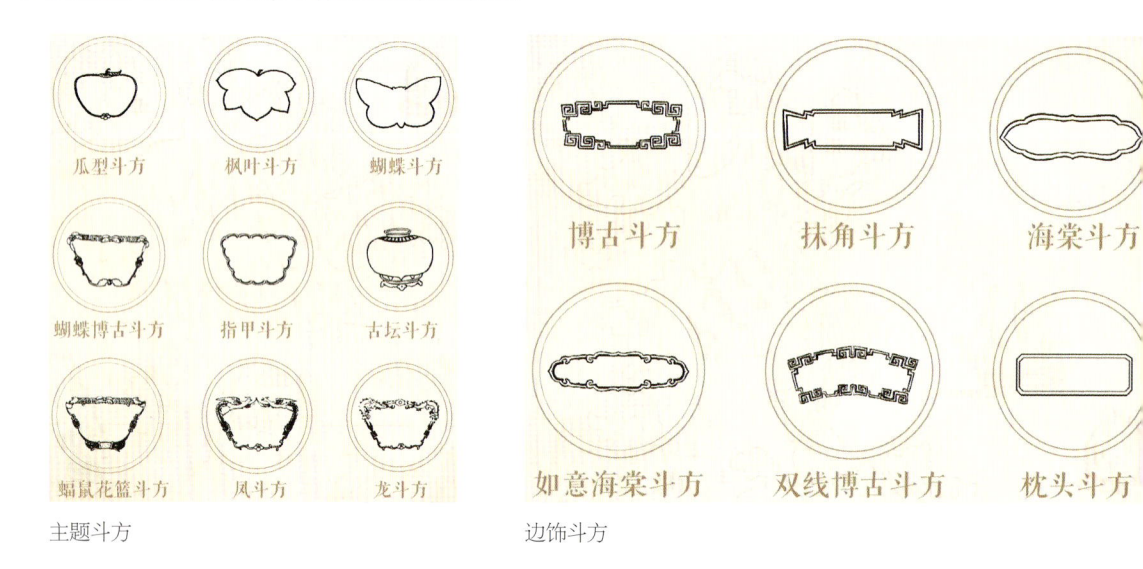

主题斗方：瓜型斗方、枫叶斗方、蝴蝶斗方、蝴蝶博古斗方、指甲斗方、古坛斗方、蝠鼠花篮斗方、凤斗方、龙斗方

边饰斗方：博古斗方、抹角斗方、海棠斗方、如意海棠斗方、双线博古斗方、枕头斗方

锦地图案。广彩中经常使用锦地图案来填充画面，它们可以大面积地出现在画面中，可无限地向四方延续，填补斗方外的空白，让画面丰富多彩。

锦地图案：万字锦、龟缩锦、四字锦、云纹锦、卷草纹锦、鲨鱼皮锦、洋莲地锦、三线锦、人字锦

边角间隔图案。广彩瓷器的边、口、脚这些位置会使用边角间隔图案来装饰，把瓷器上的主次间隔出来，与主题相互衬托。

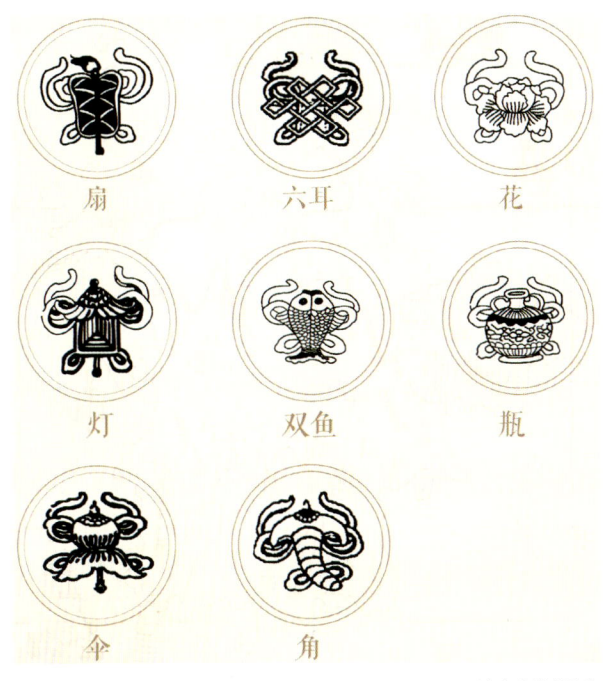

扇　六耳　花
灯　双鱼　瓶
伞　角

边角间隔图案

组织图案。组织图案是指一组结合内容的图案装饰，以系列的形式来表现。例如，以传统的八种吉祥器物作为装饰的八吉祥组织图案，以传统神话故事八仙为主题的暗八仙组织图案，都是经典的组织图案。

鱼眼　顶工　双顶工
狗牙　拖手回纹　吊珠
吊珠　猪鼻云　如意芭蕉

组织图案

5. 广彩的花式

（1）广彩的花式

早期的广彩花式大部分模仿景德镇的彩瓷纹饰图样或者外商来样加工，广彩的纹样比较零碎分散。

随着时间的推移，开始批量生产的广彩慢慢有了连续的图案和完整的构图，很多常用的花式图案更是渐渐被累积固定下来了，包括人物、动物、花鸟、植物、风景、徽章与船舶等。

人物花式

（2）不同类型的广彩花式

① 人物花式。广彩的人物花式主要有博古人物、织金人物翎毛等，在技法上主要有折色人物和长行人物。通常有着各种各样的寓意。

② 动物花式。广彩上也会出现斗鸡、云龙、金鱼、鹰熊（"英雄"）等动物花式，广彩行内称之为"兽口"，通常有着各种各样的寓意。

③ 花鸟花式。在绘画的素材中永远不会缺少花鸟。在广彩的花式中，花鸟花式更是数不胜数，花卉、果蔬、鸟雀、昆虫的相互组合排列，显现出生机盎然的景象。

④ 植物花式。竹子和梅花向来就是中国的传统花式，被用来比喻节气和品行。绿白菜主要是因为"白菜"与"百财"谐音，寓意多金。

⑤ 风景花式。以山水、树木、亭台楼阁、人物和帆船构图，主色调是青绿色，称之为"青绿山水"。若山石和亭台楼阁顶用金色勾勒，则称之为"金山水"。

⑥ 徽章花式。欧美国家的皇室、贵族、军队首领等常常会把象征或者代表自己权力、地位、身份的徽章图案烧制在定制的瓷器上，这种广彩简称为"纹章瓷"。

⑦ 船舶花式。船舶题材源于海上丝绸之路，那时候欧洲的商人和船员会把自己的船舶描绘到瓷器上，有的还会画上停泊港口并写上船名和停泊日期，将其赠送给亲友或者自己留作纪念。

⑧ 其他花式。进入21世纪，广彩的题材日趋多元化，有传统题材，也有融合其他艺术如民间雕塑、连环画等创作的题材，其中表现岭南地方名胜的题材逐渐增多。

动物花式 　　　　　　　　　　　　　　花鸟花式

植物花式 　　　　　　　　　　　　　　风景花式

徽章花式 　　　　　　　　　　　　　　船舶花式

3 新・媒体

80

6. 广彩的制作工艺

广彩的制作工艺包括制作颜料、挑选瓷胎、开幅、描绘图案、填色、封边和斗彩、烧炉等。

第一步：制作颜料。准备颜料的第一步是"干擂"，即仔细研磨颜料成粉末，磨得越久则越细，烧成后就越漂亮。干擂完成后就要逐步加水或油、胶水将颜料慢慢调匀。

第二步：挑选瓷胎。挑选一个洁白无瑕又无裂痕的瓷胎，用布彻底抹干净瓷胎底及面，防止留有油腻之物，否则彩绘的时候颜料在瓷胎表面会凝结成珠。

第三步：开幅。在瓷胎上划分好要绘画图案的各个部位，把要开幅的地方用淡墨起稿。使用淡墨的墨线在高温烧制的过程中会碳化消失，不会影响彩绘的墨线表现，填色时也不会看不清楚。

第四步：描绘图案。开好幅以后，就可以在已经分好幅和整好边部位的瓷胎上印稿了。确定要描绘的图案后，使用画笔，根据草图用不同深浅、厚薄、粗细的线条描绘图案。

第五步：填色。在描绘好图案线条的产品上填色。这道工序非常重要：颜色调配要适当调和。同时，要非常注意颜料的厚薄，因为如果颜色的厚薄不匀，烧成后的色泽变化就会浓淡不一。

第六步：封边和斗彩。"封金"又称"包金边"，即在盘式碗、瓶等的口沿涂上金色；如果是用干大红代替金水，就称为"封边"。"斗彩"是指在浮雕、堆塑或通花上再加颜色和金线花纹，使其更为美观。

第七步：烧炉。彩绘完的半成品送到炉房子后，先要检查产品有无欠色和脱色的情况，才能正式装炉。经过烘炉"焗"（烘烧）可以使瓷器的颜色光亮鲜艳。

3.2.3 思维训练
Thinking training

1. 能力培养目标

在创新工具的支持下,打破传统的设计思维,建立创新思维,使学生得到国际教师和国内专业指导教师的综合指导,提升调查研究、查阅文献和收集资料、专业外文资料阅读与翻译的能力,理论分析的能力,项目设计和制作能力,开拓学生的国际视野,提高学生英语的口语表达和运用能力及运用计算思维进行创新的能力。本工作坊选用可视化编程工具 Scratch 作为创新训练工具,学生可以完成一系列交互设计作品。

2. Scratch 基本介绍

Scratch 是一款面向青少年的开源编程软件,由麻省理工学院(MIT)开发设计。Scratch 软件交互性强,素材表现力好,可以和外部传感器连接,是一种将创新精神和实践能力有效结合的工具,也为在小学阶段实施创客教育提供了条件。

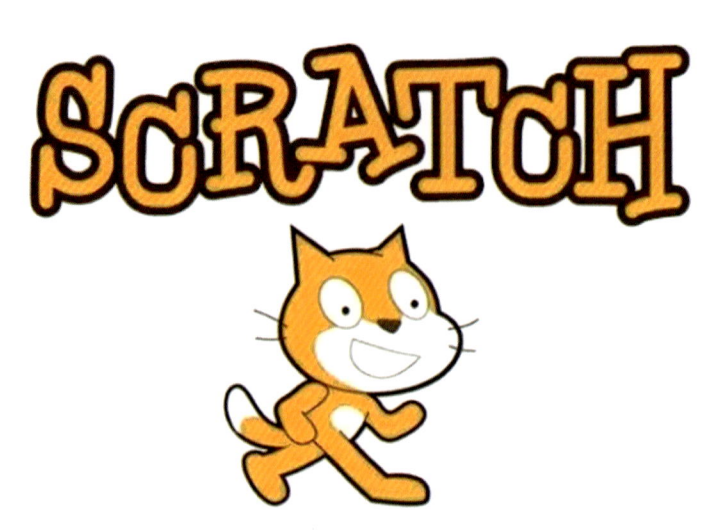

Scratch 软件

3. Scratch 界面布局及功能

　　Scratch 软件的初衷是培养学生的逻辑思维、创新思维和计算思维，而且其具有共享与支持、简单易用与可视化编程的特点，有很大的发展潜力。Scratch 的特点如下所述。

　　（1）适合青少年的编程学习软件，青少年在使用软件过程中学习编程语言和培养逻辑思维。

　　（2）利用软件创作的程序进行分类学习。Scratch 创作的程序简单易操作，而且卡通界面能够吸引青少年的兴趣。运用 Scratch 创作的作品进行教学活动，在青少年认知发展初期有着事半功倍的效果。

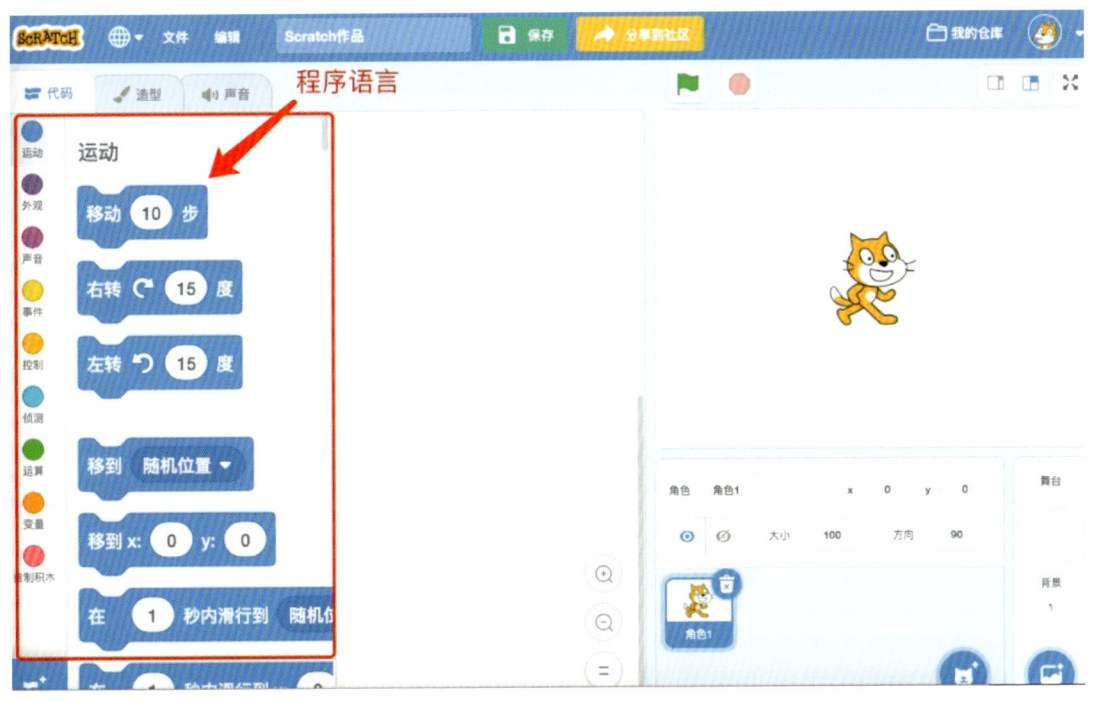

Scratch 程序界面

（3）与其他青少年编程软件相比，Scratch 软件简单易用。其程序语言所依据的是"积木"的思想，通过搭积木的方式使多种指令集合起来。这种语言共有 100 多种"积木"可以使用，青少年在进行编程创作的时候就像在玩积木一样，有时甚至不需要搞清楚每块积木上写的内容，也不需要较高的文字基础。另外，还有一个视觉图像库，使用者可以在最开始的时候用图像编写程序，然后根据自己的兴趣创作角色和场景。

Scratch 官方网站

Scratch 2.0 "My Blocks" 指令集

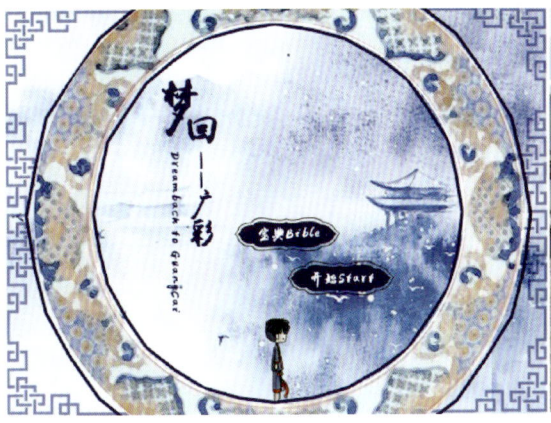

广东工业大学智能手工艺国际工作坊学生游戏作品展

（4）共享与支持。

Scratch 的官方网站是一个庞大的学习社区，有近百万注册账号，有近 200 万件上传作品，在这里可以学习其他人的作品并进行再创作。Scratch 2.0 增加了"云数据"功能，在界面方面也做了改进，还添加了"My Blocks"指令集，允许用户添加新的程序组块，可供重复调用。软件开发团队除保留对"SCRATCH"名称和"小猫"Logo 的著作权外，公布源代码，允许使用者任意修改、发布、传播。同时，Scratch 2.0 的分享与交流功能得到了很大提升，新版本主要基于 Web 平台操作，但也支持脱机版以供在非网络环境下使用。

（5）可视化编程。

通过单击并拖曳的方式，可以完成可视化编程，并赋予角色简单的动画。青少年甚至无编程基础的成人初学者都可以轻松学习编程基础知识，做出丰富有趣的动画案例，并在 Scratch 的官方网站上分享自己的作品。

3 新·媒体

85

4. 认识"画笔"功能

运用 Scratch 制作数字图案时,一般需要用到"画笔"板块。"画笔"需要使用者前往主界面左下角进行"添加扩展",找到"画笔"板块后将其添加至主界面。

"画笔"板块选择

将其添加至主界面后,可以将"画笔"板块和其他板块自由组合,使用计算机绘画,创作出丰富多彩的图案。

"画笔"板块与其他板块的自由组合

5. 图案案例制作

（1）使用 Scratch 制作图案案例时，我们可以将现实中使用画笔的流程进行细化和类比。在使用画笔绘制前，需要选择画笔的一个属性，如颜色或大小，然后设置参数，这些都需要在脚本运行前设置好。注意，在设置"落笔"之前，要把"抬笔"及画笔的属性都设置好。

在"落笔"前要思考在纸上哪一个位置开始绘制，此时应设置"画笔"在舞台的中间绘画，舞台就相当于一张白纸。

（2）绘制简单的几何图形：建议从绘制简单的矩形、三角形、圆形等开始入门学习。每种几何图形的编程结构大体相似，但编程细节有所不同。例如，"旋转角度"和"重复执行"的次数不一样。

（3）尽情发挥创意：在掌握"画笔"的使用方法和简单几何图形的绘制方法后，可以尝试使用不同的搭配组合去制作富有创意性的图案。

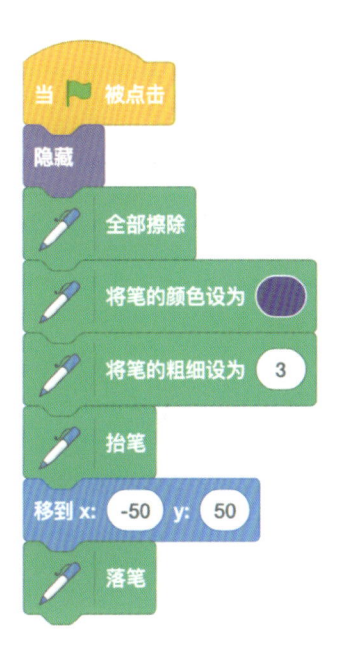

图案图例制作方法

正方形　　三角形　　圆形

绘制简单的几何图形

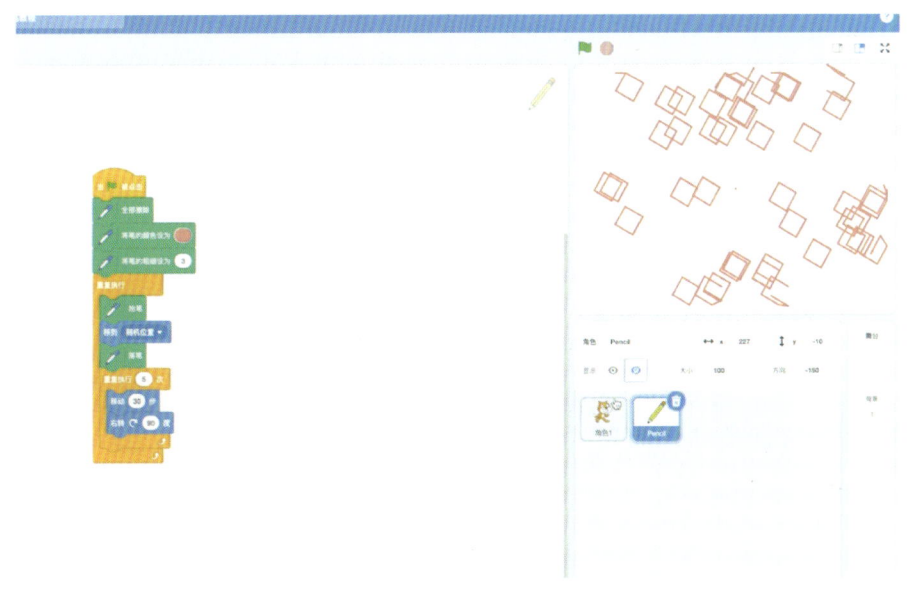

尽情发挥创意

3.2.4　学生作品赏析
Students' work appreciation

1. 图案篇

（1）《显微镜下的广彩》

此作品的作者对造型和颜色都有自己的见解。其设计灵感来源于广彩中的花卉元素，作品中运用了大量重叠复制的绘制方法。其中颜色的选取也参考了广彩中的"大红"色。这个作品中，通过控制每个线条的疏密程度来形成色彩上的区分。

《显微镜下的广彩》
设计师：朱素嫄

作者通过不同的算法及不同大小图案的切换来完成这个作品，在网络上学习相关知识并自行摸索，在作品中应用了大量的数学算法，其中运用最多的是关于圆的算法。

作者使用该方式是为了避免图形绘制过于单调，想要呈现出花卉的效果，所以通过单独的图形加上圆的算法让图形和表现效果同时具有规则性和多样性，也更接近作者想要的花卉造型。作者还运用了单独线条及填充颜色这两种元素进行切换，使图案的视觉效果更富有层次感。

设计灵感

（2）《荟萃广彩》

此作品的设计灵感来源于广彩边缘的装饰花边图形，作者根据广彩碟子边缘上的花纹进行切入，用多种简单的几何图形进行旋转和组合，再加上四周正方形的递进增大，实现了一个立体效果。

设计灵感

作者将图形进行多种不同形态和颜色的搭配组合。图案采用了低沉压抑的重色，背景则采用了轻盈的亮色，两者相结合形成视觉上的冲击，使它们能很好地被区分开来。同时，四周正方形的递进增大让图案更具动感和层次。

《荟萃广彩》
设计师： 周斯亮 周锶润 吕东篱 颜碧泉 蔡佳琪

（3）《广彩窗花》
此作品的设计灵感来源于广彩和中国古典剪纸两部分，作者给出两个图为例。

作者选用了广彩中鲜艳的色彩及图案和剪纸镂空的形式，从类似波普艺术的色彩中提取灵感和元素，并且结合 Scratch 编程进行图案创新，使广彩图案的古典特点得以表达。

设计灵感

最终的图案呈现和剪纸例图相似度很高，这需要考验作者的计算、编程及色彩搭配等能力。

3 新·媒体

《广彩窗花》
设计师： 鞠家琦

2. 游戏篇

（1）《四时之镜》

此游戏运用了春分、夏至、秋分、冬至四个节气作为背景，让玩家能够了解这四个节气的传统习俗。

游戏故事的主题也值得玩家深思，作者企图揭示滥用土地的社会问题，以及人类发展与自然生态应如何共存的问题。

《四时之镜》初始界面
设计师： 邓雨昊　马洁群　朱莉雅　赵江涛　钟健文

同时，作者根据不同的节气，分别设计了不同的场景。

每个节气的玩法类似，但也有玩法上的区分，每个环节内的元素都体现了对应节气的特色。

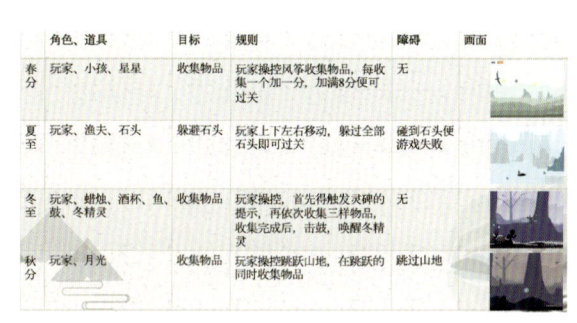

不同节气的场景设计

角色、道具	目标	规则	队码	画面
春分	玩家、小孩、星星	收集物品	玩家操控风筝收集物品，每收集一个加一分，加满8分便可过关	无	
夏至	玩家、渔夫、石头	躲避石头	玩家上下左右移动，躲过全部石头即可过关	碰到石头便游戏失败	
冬至	玩家、蜡烛、酒杯、鱼、鼓、冬精灵	收集物品	玩家操控，首先得触发灵碑的提示，再依次收集三样物品，收集完成后，击鼓，唤醒冬精灵	无	
秋分	玩家、月光	收集物品	玩家操控跳跃过山地，在跳跃的同时收集物品	跳过山地	

游戏元素和玩法设计

（2）《阿滨大冒险》

《阿滨大冒险》共设五关游戏。游戏通过与不同的 NPC、线索卡的交流和解答将传统美食文化串起来。

游戏的特色是以大地图形式将五个游戏串起来，通过线索来解锁关卡。

《阿滨大冒险》游戏界面
设计师： 郑子杰　张诗维　丘正正　蹇奕欣　张滨

游戏流程

- 游戏的开始交代了年份，通过底部主角的自白对主角的身份进行说明。
- 单击观看完对话框的内容，按空格键切换到主地图页面，准备进入游戏。
- 控制主角触碰点亮的线索就进入游戏部分。

游戏地图

游戏场景

（3）《寻秘敦煌》

该游戏的创作灵感来源于现代最受年轻人喜爱的活动之一——密室大逃脱，还有他们喜爱的玩法——解密寻宝。

作者希望这种潮流与传统文化相结合的形式可以对传统文化进行趣味解读和呈现，唤醒大众对传统文化的感知和关注，也同时致敬文物的守护者们。

此游戏由三个解密关卡组成。玩家以考古学家的身份进入莫高窟，探索并追寻秘密。

《寻秘敦煌》初始界面
设计师：黎雨玄　袁子淇　吴泽敏
　　　　　肖可意　欧欣彤

关卡介绍

关卡1采用了寻宝类玩法。游戏中把找东西与修补文物相结合，让玩家在游戏中修复文物。

关卡1游戏场景

3　新·媒体

91

3.2.5 能力提升
Competence enhancing

1. 游戏编程构思

用 Scratch 制作小游戏大致包括以下 4 个步骤。

（1）游戏设定

游戏的概念、目的及玩法和画风的设定等，这些是制作一个游戏的前提。

（2）确定游戏角色

不管角色是否需要操控，都应由不同模块进行组合，单独编程。

（3）游戏交互设计

在编程时设置玩家的交互行为会触发游戏什么样的交互反馈，所有的交互都需要被考虑和说明。

（4）编程组建模块

根据游戏交互的设定，对每个对象进行单独的组件拼接，完成最终的游戏设计。

2. 游戏案例制作

（1）《吃豆人》

这个小游戏的玩法是控制主角移动，一般利用鼠标或键盘移动，遇到豆子时把豆子吃掉，记录吃掉豆子的数量。这个游戏没有加入太多的游戏规则，如时间限制、特殊的豆子要多加分甚至扣分等。还可以设计多人一起抢豆子吃，利用这些游戏规则增加游戏的乐趣。

（2）《迷宫之识字篇》

此游戏是为刚刚学习识字的儿童设计的，儿童像完成迷宫一样去完成每个字的偏旁和笔画的书写。而在完成每个迷宫的过程中，儿童不知不觉通过移动鼠标的重复操作形成了动作反射，这对初期培养儿童的识字与书写兴趣是很有帮助的。

（3）《认识颜色篇》

此游戏利用生活中常见的色彩鲜艳的事物教儿童认识各种颜色，而且有配音，特别适合还没有认字能力或者不能识别复杂汉字的幼儿。

（a） （b）

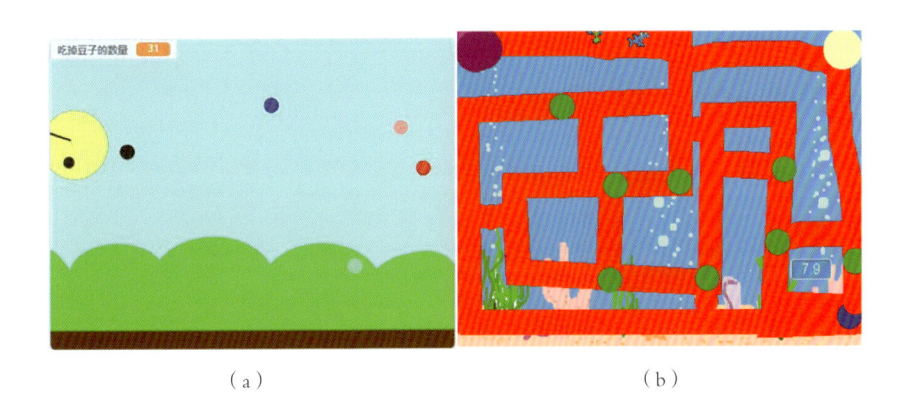

教学应用举例示意图

Scratch 的特点

特　　点	描　　述
应用简单	教师可以快速掌握，并能设计出有效生动的教学作品，而且设计自由，能满足多数教师的需求
自带录音功能	可以将教师的教学声音添加到程序中，这样就避免了幼儿因汉字识别能力不强而无法学习的困扰
程序色彩丰富	能够引起幼儿的注意力和兴趣
具有交互性	儿童通过简单的操作就能实现教学的反馈，还可锻炼儿童的动手能力
数字逻辑运算模块	可提高用户认知能力，也可以提高儿童的算术技能
自带丰富的音频和音效	强大的声音功能适合幼儿对声音敏感这一特性，有助于其形成稳定的声音认知
支持自由创作的画笔功能	教师可以进行有目的的创作，锻炼幼儿动手能力，培养幼儿的想象力

3. 关键知识与技术

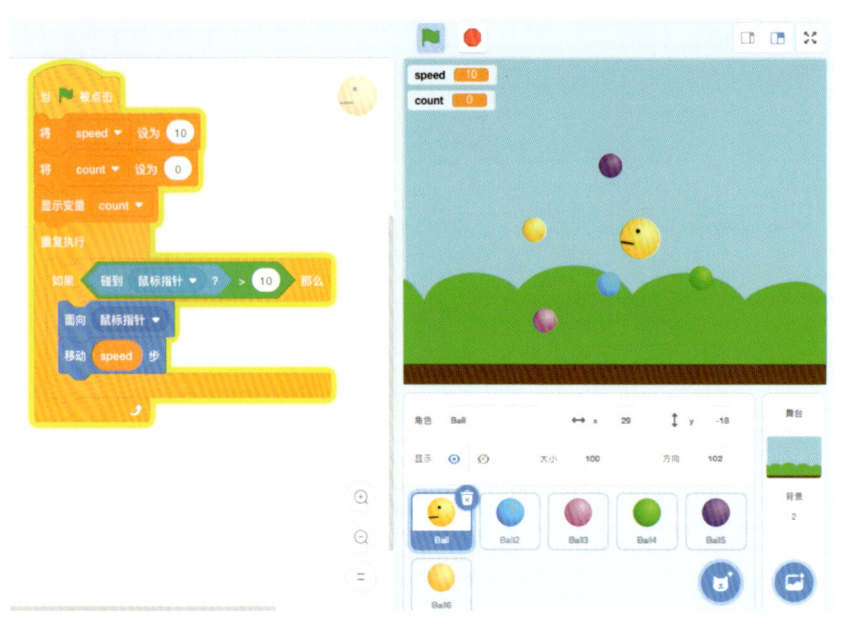

吃豆人角色脚本

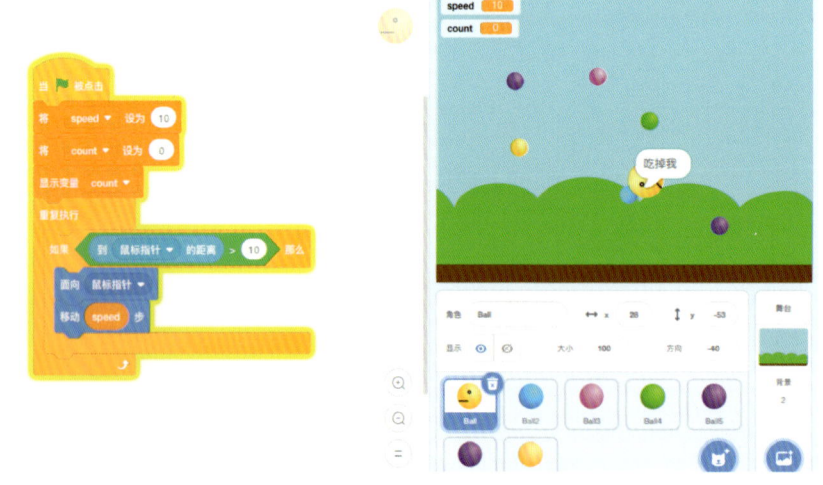

吃豆人侦测到豆子时播放"吃掉我"的声音

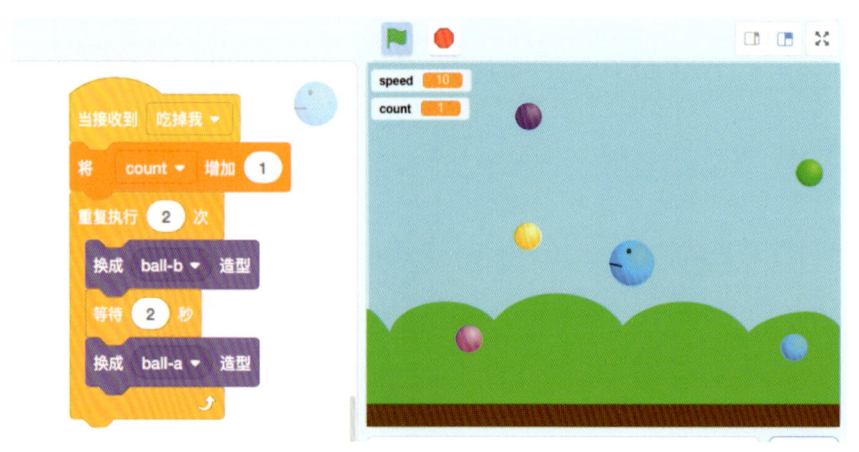

变量 count 数值和吃豆人造型产生变化

（1）背景说明

这个游戏的背景没有太多限制，只要能有一片空旷的区域能够清晰地显示出豆子的形状和颜色，方便玩家能够利用最少的时间吃到最多的豆子即可，这里选择蓝色天空的背景图。

吃豆人背景说明

角色	描述	积木功能
吃豆人	当绿旗被单击时，吃豆人跟着鼠标指针移动；当接收到"吃掉我"的消息时，就切换造型，显示出吃的效果	变量、侦测积木、消息广播、造型切换
小豆子（多种颜色）	五颜六色的小豆子在舞台上自由移动，当碰到吃豆人时，就广播"吃掉我"的消息，同时播放"吃掉"的声音，然后将自己隐藏，在随机的其他地方再显示出来	播放声音、消息广播、运动、侦测积木

（2）编写脚本

① 吃豆人初始化。当绿旗被单击时，进行程序初始化：设置吃豆人移动的速度变量 speed 为 10，吃到豆子数量的变量 count 为 0，造型为张嘴的造型。游戏的设计是要通过鼠标控制吃豆人移动，因此，要通过重复执行积木块，让吃豆人面向鼠标指针方向，每次移动 speed 步。

② 豆子。绘制多种不同颜色的豆子角色。豆子在舞台上随机移动，当碰到吃豆人时（这里是通过侦测模块中的颜色碰到积木块），播放"吃掉"的声音，同时要广播出"吃掉我"的消息，该消息会被吃豆人接收并处理。当豆子被吃掉后要隐藏自己，然后移动到随机的其他地方显示出来，继续参与游戏。

③ 吃豆人接收消息。当吃豆人接收到"吃掉我"的消息后，将变量 count 增加 1，然后改变吃豆人的造型 2 次，营造出吃的效果。

至此这个简单的吃豆人游戏就完成了。这个游戏还有很多需要完善的地方，如游戏没有结束的机制，学生可以自由发挥。在编程的世界里没有标准答案，每个人都有自己的思想，都有他自己眼中的世界，编程就是实现他思想的工具。

3.3 AR/VR 交互设计
AR/VR Interaction Design

杜本麟

纪毅

3.3.1 联合教师说 · 杜本麟

Since 2018, I have been running the AR/VR Interaction Design Workshop at Guangdong University of Technology. The goal of the course is to introduce students to AR/VR technology and to allow them to "make digital productions". For the past 3 years, we have been using the 3D modeling software Unity to practice design creation. In the course, we have taught Unity to embed students with the basics of VR and helped students develop different AR/VR interactive applications and games using a series of online learning resources for software learning.

In the workshops, we combined traditional Chinese handicraft content with AR/VR technology to create works on the theme of Guangcai porcelain to help people understand it. At the end of each workshop, we hold an exhibition to showcase the students' work and invited experts from home and abroad to exchange and discuss with students and teachers, so that the students can have a deeper understanding of what they have learned and fully demonstrate to the students how to specify, design and build a digital project, and present their results to their peers and gain some recognition in the society.

自 2018 年以来，我一直在广东工业大学举办 AR/VR 交互设计工作坊。该工作坊的目标是向学生介绍 AR/VR 技术并让他们"制作数字化产品"。在过去的 3 年中，我们使用 3D 建模软件 Unity 来进行设计创作实践。课程中，我们通过教授 Unity 让学生学习 VR 的基础知识，通过一系列在线学习资源的软件学习帮助学生开发了不同的 AR/VR 的交互 App 和游戏。

在工作坊的教学中，我们将中国传统手工艺的内容与 AR/VR 技术相结合，以广彩为主题进行了作品的创作，帮助人们了解广彩。在每次工作坊的最后，我们都会举办学生作品展，邀请国内外的专家和师生进行交流和讨论，使学生能够对所学知识有更深刻的理解，充分向学生展示如何说明、设计和构建一个数字化项目，并向同行呈现他们的成果并获得社会上一定的认可。

3.3.2 知识构建
Knowledge building

1. 虚拟现实/增强现实介绍

虚拟现实技术

虚拟现实（Virtual Reality，VR）是一种基于多媒体计算机技术、传感技术、仿真技术的沉浸式交互环境。具体来说，就是采用计算机技术生成逼真的视觉、听觉、触觉一体化的特定范围的虚拟环境，用户借助必要的设备以自然的方式与虚拟环境中的对象进行交互并相互影响，从而产生亲临等同真实环境的感受和体验。

VR 技术能够显示 3D 立体模型，具有宽视野显示和低延迟头部跟踪的优势。将这三部分结合在一起，它能带给人们无与伦比的沉浸式体验。

增强现实技术

增强现实（Augmented Reality，AR）是在 VR 的基础上发展起来的一种新兴技术。AR 技术基于计算机的显示与交互、网络的跟踪与定位等技术，将计算机生成的虚拟信息叠加到现实的真实场景上，以对现实世界进行补充，使人们在视觉、听觉、触觉等方面增强对现实世界的体验。

AR 将真实场景和虚拟图像结合，可以让用户同时看到两者。虚拟对象在界面空间中看起来是固定的。用户可以与虚拟内容进行实时交互。

AR vs VR

VR 需要依赖逼真的图像，这样才能提供完全沉浸式和广阔的视野；相比之下，AR 只需要渲染最小的内容，且视野范围较小。在追踪方面，VR 只需要低到中等精度；而 AR 则需要尽可能高的精度。

可以从技术角度、现实世界角度或用户体验角度来定义 AR 技术，但是这些定义都脱离不开 AR 技术的三个关键功能：结合真实和虚拟图像、实时互动、3D 注册。

画板

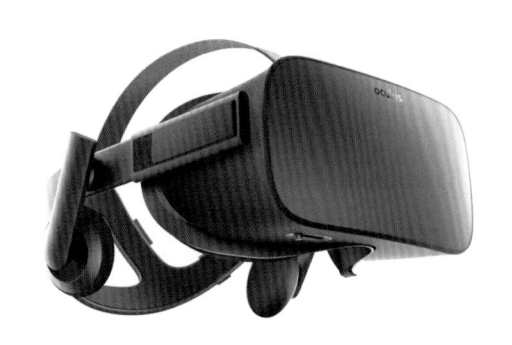

Oculus Rift

VR 技术具有较高的融合性，与其他技术进行融合可以产生非常好的效果，如隐形界面、Milgram 的混合现实连续体和元宇宙等。

VR 与 AR 的相关案例

1963 年的"画板"是第一个交互式图形程序，由伊万·萨瑟兰开发。

Oculus Rift 是一款为电子游戏设计的头戴式显示器，具有陀螺仪控制的视角是这款产品一大特色。

图形用户界面：代表现实世界与数字世界的分离；

沉浸式虚拟现实体验：设备包括头戴式显示器、手套等，代表与现实世界感受分离。

VR 的历史
19 世纪——捕捉现实

在 19 世纪 20—30 年代，VR 的发展经历了摄影时期，现存的最古老照片是在 1826 年拍摄的；到 19 世纪 30 年代的立体影像时期，惠斯通和布鲁斯特是代表人物；到 19 世纪 70 年代的电影时期，迈布里奇和《Roundhay 花园场景》（1888）成为 VR 发展史上的重要里程碑。

图形用户界面

沉浸式虚拟现实体验

20 世纪——互动体验

20 世纪 60 年代，头戴式显示器（HMD）开始出现，代表人物包括菲尔科和伊万·萨瑟兰。20 世纪 70—80 年代，美国空军、美国宇航局、麻省理工学院和北卡罗来纳大学将互动体验融入军事和大学研究中。20 世纪 80—90 年代，VPL、Virtual i-O、Division、Virtuality、VR 街机和 Virtual Boy 等产品掀起了 VR 第一次商业浪潮。

VR 相关案例

超级座舱（20 世纪 60—80 年代）：汤姆弗内斯三世在赖特帕特森空军基地建立了美国空军研究计划。超级座舱涉及的知觉包括视觉、听觉、触觉，支持头部、眼睛、语言和手部输入。解决了飞行员信息过载问题，但飞行控制和任务过于复杂。

1969 年，迈伦·克鲁格（Myron Krueger）建立了一个人工现实实验室 VideoPlace。VideoPlace 专注于图形/手势识别、实时互动等功能的研究。克鲁格设计的 VideoDesk，通过摄像头捕捉手势，并可以中继到远程协作者，实现手势控制图形、绘画、菜单选择等功能。

数据手套：来自伊利诺伊大学的 Sayre Glove 在 1977 年发明了名为 Precursor（前体）的数据手套。

VPL Research 是第一家商业 VR 公司，主要成员有杰伦·拉尼尔和让雅克·格里。VPL Research 提供完整的系统，包括显示器、软件、手套等。此外，还有 DataGlove、EyePhone、AudioSphere 等产品。

VR 第二波发展（2010 年至今）

帕默·拉基是一名 HMD 黑客，同时也是混合现实实验室实习生。他是发布于 2011 年的 Oculus Rift 的发明者，其公司在 2012 年拥有 240 万美元的启动资金，在 2014 年被 Facebook 以 20 亿美元收购。

2016 年消费类 HMD 兴起

HTC Vive：实现空间规模跟踪、手势输入的设备。

Google Cardboard：2014 年发布，一款易于使用的开发者工具。

现如今，VR 不再只是 VR，它拥有巨额投资、大量的廉价的硬件平台、易于使用的内容创建工具，以及新的输入/输出设备。关注用户体验成为其中最重要的事。

VR 历史悠久，HMD、模拟器已经有 50 多年的历史了。早在 20 世纪 90 年代初，VR 的关键

沉浸式绘画全景图

《Roundhay 花园场景》　　　　　　超级座舱 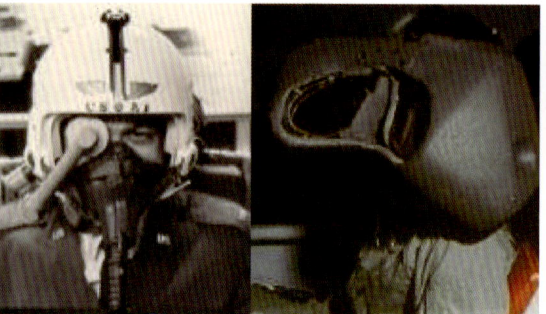 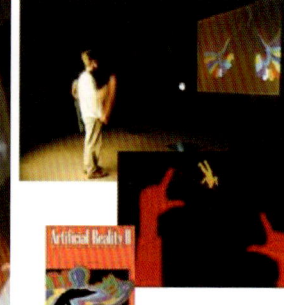　　　　　　　　　　　　VideoPlace

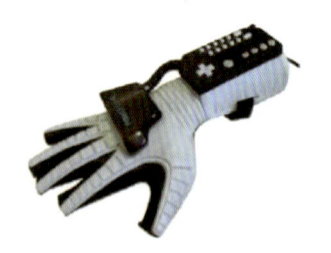

数据手套 Precursor 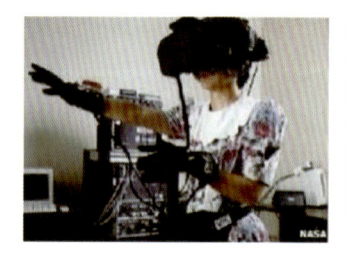 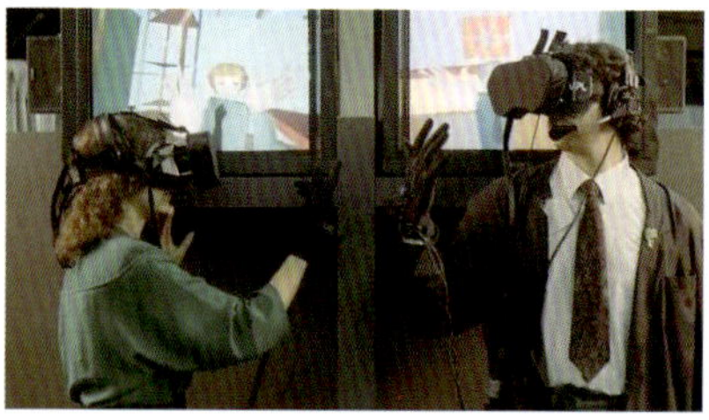　　　　　第一家商业 VR 公司 VPL Research

要素（显示、跟踪、输入、图形）就已经到位，并且得到军队、政府、大学的大力支持。然而，VR 第一次商业浪潮在 20 世纪 90 年代后期失败，主要原因是价格高昂、用户体验差、技术水平不高等。现在处于 VR 第二次商业浪潮，VR 拥有更好的体验、经济实惠的硬件、巨大的商业投资和庞大的用户群。

由 HTC 与 Valve 联合开发的 HTC Vive

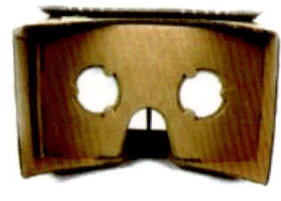

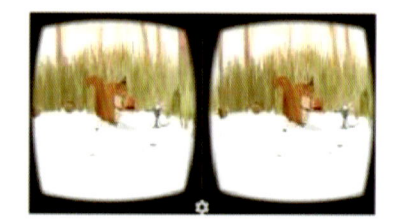

纸板 HMD—Google Cardboard

AR 的历史

20 世纪 60 年代，伊万·萨瑟兰和他的学生鲍勃·斯普维尔发明了第一个 HMD 设备——达摩克利斯之剑；

20 世纪 60—70 年代，美国空军将 HMD 安装在空军头盔上；

20 世纪 70—80 年代，美国空军开启了超级座舱计划；

1992 年，波音的 T.Caudell 创造了术语"AR"；

1996 年，首个协作式 AR 系统问世；

1997 年，Feiner 首个户外 AR 系统问世；

1997 年，日本成立混合现实系统实验室；

1999 年，ARToolKit 发布；

1999 年，德国启动 ARVIKA 项目；

2005 年，出现手机 AR，可以实现简单的 AR 图形呈现。

2007 年，HIT Lab NZ 发布了一则 AR 广告，用户通过文字消息下载 200KB 的 AR 应用程序，就可以查看真实纸质广告中的虚拟内容。

2008 年，通过闪光灯、摄像机、3D 图形实现基于浏览器的 AR。基于浏览器的 AR 有很高的营销价值，其入门成本低，只需要浏览器和网络摄像头。此外，基于浏览器的 AR 易于开发，拥有大量的开发人员和成熟的工具。

2009 年 12 月，*Esquire* 期刊发布 12 页 AR 内容。

同年，户外信息叠加出现，该技术基于手机，通过 GPS 和指南针输入，可以在实时视频上叠加图形数据记录真实世界的位置。

如今的 AR 技术拥有计算机视觉等强大功能，集成跟踪、GPS/传感器、手持设备、HMD 显示器、输入设备和 PTC、ARTW 开发人员工具等可用的关键技术。

AR 商业业务规模也在增长，尤其是在游戏、GPS/移动、在线广告领域，2015 年商业业务收入超过了 6 亿美元。

如今 AR 的业务范围包括：基于网络、移动的营销；地理定位信息和服务，推动满足高端手机需求的移动 AR；可移动、物理输入（Kinect、PS Move）AR 游戏。未来也将涉及制造、医疗、军事领域。

2008 年基于浏览器的 AR

2005 年手机 AR 　　2007 年 AR 广告

2009 年 AR 杂志 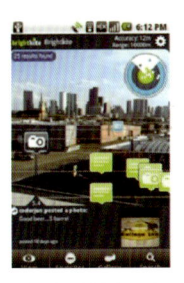　　2009 年户外信息叠加

2. VR/AR 中的交互设计

　　VR 与 AR 技术在娱乐、教育、医学、建筑、军事等领域有着越来越广阔的应用场景，其用户体验与交互设计也在不断探索之中。VR 中的用户体验主要体现在 VR 产品适用的沉浸感、舒适度、多通道整合的交互方式、有效可靠的反馈等方面，提升沉浸感需要综合考虑界面、交互方式、动效、音效等。VR 界面不仅仅需要可操作的界面，更需要营造一个看似真实的场景，设计师进行 VR 界面设计时必须考虑沉浸感的特性，这也决定了交互方式、界面最佳尺寸及交互的准则。正如平面图形交互在不同场景下有着不同的方式，VR 和 AR 交互同样不会存在一种通用的交互手段，如"眼球追踪""动作捕捉""肌电模拟""触觉反馈""语音交互""方向追踪""传感交互"等。同时，VR 的多维特点注定了它的交互比平面图形交互拥有更加丰富的形式。

　　《驯兽师》是一款具 VR 体验的艺术实验作品，共有两个关卡设计，可同时供两位体验者实时联机互动。其灵感来源于揭示动物表演黑幕的纪录片，期望通过 VR 体验的沉浸感让人们能够亲自体验驯兽师的行为和动物被训练的场景。让用户知道如何正确开展游戏，每一步应该完成什么动作或操作，是交互设计的重点之一。在 VR 场景中，设计师设置了一个引导机器人，在体验过程中，机器人会通过语音或动作改变来提示玩家完成操作指令。与设计师在玩家体验时站在其身旁指导相比，这个体验大大优化了。

混合现实实验室作品《驯兽师》

《驯兽师》中的引导机器人

3. 交互技术的介绍

交互设计所承载的媒介从最开始的电子产品到软件界面、网页，再到移动终端 App、智能穿戴设备，一直都在不断演变，而这种演变来源于交互技术及软件工程的发展。

命令行界面

命令行界面即命令语言解释器（CLI），也称为命令行用户界面、控制台用户界面或字符用户界面（CUI），是一种与计算机程序交互的方式，其中用户（或客户端）以连续文本行（命令行）的形式向程序发出命令。

WIMP 界面模型

WIMP 代表 Windows（屏幕）、Icons（图标）、Menus（菜单）、Pointing devices（定点设备）。

影响计算机界面评价的最关键因素是界面的用户友好度。对普通用户而言，友好度取决于学习界面操作并记忆的难易程度；而对高级用户而言，他们更重视精通界面使用所需的时间成本，而非入门难度。虽然 WIMP 界面离真正完美的计算机界面尚有一定距离，但绝大部分用户已经能轻松使用它。WIMP 图形用户界面使应用程序界面具有业界标准成为现实，与命令行界面相比，WIMP 界面易学习、易使用，并且易于把一个应用程序获得的知识迁移到另一个应用程序上。

WIMP 界面的缺点是使用鼠标或键盘输入并不适用于所有用户，可能是因为他们不习惯使用鼠标和键盘，或因为长期使用会引发重复性劳损，更不要说有些残障人士无法使用鼠标和键盘了。因此，WIMP 界面在语音识别及触控输入方面有非常大的发展空间。

比尔·巴克斯顿，加拿大计算机科学家及设计师，微软研究院首席研究员，作为人机交互领域的先驱之一而闻名。他指出，除了仅有单眼、几根单关节手指、缺乏其他感觉器官的生物，仅以键盘和鼠标为基准样式的 WIMP 图形用户界面都不完美。

Post-WIMP 界面

Post-WIMP 界面采用一种以基于现实的交互设计为核心的界面设计方法。这种设计方法考虑到人们对物理世界的常识性认知，人们能够感知自己的身体并拥有控制及协调身体的能力，还能够感知周围环境并具备影响环境、在环境中定位及移动的能力，也能够感知周边环境中的其他人并具备与他们交流的能力。

基于现实的交互应遵循以下设计原则。第一，设计应具备表达能力，让用户可以在应用界面内执行各种任务。第二，设计应具有效率，让用户可以快速执行任务。第三，设计应具有多功能性，让用户可以利用不同的应用程序执行各式各样的任务。第四，设计还应具有人因工程性，使用户在执行任务时不会感到身体疲劳或身体有所损伤。第五，设计还应具有可操作性，不论是什么样的用户都可以使用。第六，设计应具有实用性，该系统具有后续开发和生产的潜力。

命令行界面

WIMP 界面模型

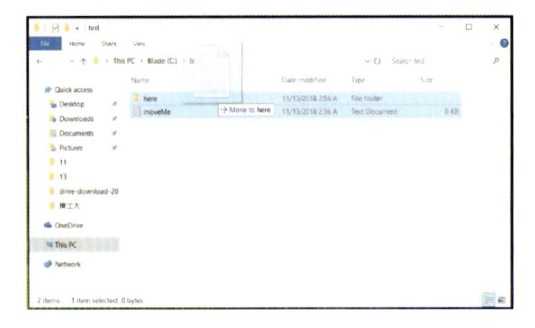

WIMP 界面

Post-WIMP 界面（1）

Post-WIMP 界面（2）

触控输入界面

多样化输入界面

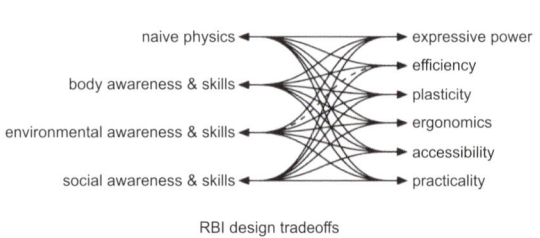

现实的交互应遵循设计权衡

4. 软件工程的介绍

软件

计算机软件，简称软件，是数据的集合体或者一种告知计算机如何工作的计算机指令。计算机软件与物理硬件相比，其系统是已构建完备的并且能直接执行指令。在计算机科学和软件工程领域，计算机软件就是由计算机系统、程序和数据处理所整合的信息集合体。计算机软件包括计算机程序、相关信息库及相关不可执行的数据，如在线文档或数字媒体。计算机硬件和软件互为必需品，并且两者都不能单独使用。软件的重要性体现在，软件无处不在，所有发达国家的经济发展都离不开软件开发，软件开销通常主导系统开销，软件的维护成本高于开发成本。

软件工程

"工程"是指为了创建新产品或服务而去解释和排序必要任务或工作的作用形式。"软件工程"则涉及各个方面的工程学科软件生产，捕获用户的业务需求并为系统指定蓝图，以便程序员实施。软件工程是指应用系统的、规范的、可量化的方法来开发、操作和维护软件。软件工程师应做到：对工作采取系统性和组织性的方法；使用合适的工具和技术。这些措施基于要解决的问题、发展的各种限制、可利用的资源，且要有一定的预算支持。

在软件开发过程中，可能会遇到多种问题，例如，开发的软件不符合用户的实际使用需求，导致用户无法正常使用；软件在部署后难以扩展，无法满足未来的需求；缺乏质量良好的文档资源，给软件的使用和维护造成不便；软件开发质量较差，可能存在严重的漏洞和缺陷；软件开发过程中所耗费的资金和时间可能会超过预期。

用户需求分析	1.与消费者近距离对话，贴合消费者需求。消费者可以是客户、你的老板、你自己。 2.重点去关注"是什么"，而不是"怎么做"。 3.最终结果：功能说明书。 4.经过消费者和设计师的检验及审查。
设计流程	1.重点关注"怎么做"。 2.将问题和难点解构成更小的点去分析——组成部分。 3.最终结果：设计说明书。 4.经过消费者和开发者的检验及审查。
执行程序	1.经设计后编写相应代码。 2.在一些（特殊的）情况下，会有最短的段落。 3.最终结果：可执行（或不可执行）的App程序。 4.经过设计师、开发者、测试员的检验及审查。
测试程序	1.检验代码是否符合功能规范。 2.检验程序的细节情况。 3.最终结果：测试计划，一个大家所期望的可运行程序。 4.经过设计师、开发者、测试员的检验及审查。
发布软件	1.对消费者开放（再次）。 2.检验消费者的期望值。 3.为下个版本和版本升级采纳反馈。 4.最终结果：满意的客户和很多收入。

软件开发生命周期

一个优秀的软件应具备以下条件。第一，能够提供用户所需的功能和资源，能够满足用户的使用需求。第二，软件应该是可持续发展的，能够不断更新迭代以适应用户不断变化、升级的需求。第三，软件应该是可靠的，能够让用户感到安全和放心。第四，软件应该是有求必应的，能够根据用户的需求和反馈进行相应的调整与改进。第五，软件应该是高效的，开发者应该尽可能地节约系统资源。第六，软件应该是可回收利用的，能够以其他形式重复利用或者用于其他用途及目的，实现资源的利用最大化。

软件开发生命周期（SDLC），是一个创建和更改系统的过程，人们要开发这个系统的模型和方法。在这个过程中，团队内部主要由产品经理、开发者、设计师、测试员等构成。

最常用、流行且重要的几种软件开发生命周期模型是瀑布模型、V 模型、增量模型、RAD 模型、敏捷模型、迭代模型、螺旋模型、原型模型。

软件工程的目的是，保证生产的时效，防止错过最后期限；保证产品质量，防止系统崩溃；保证软件的完整性，有完整的文档并满足用户的需求。虽然软件工程有许多不同的软件运行过程，但都涉及：规范性——定义系统应该做什么；设计和实施——定义组织制度和实施制度；验证——检查它是否符合用户的要求；升级——改良系统以满足用户不断升级的需求。

移动设备上的软件工程

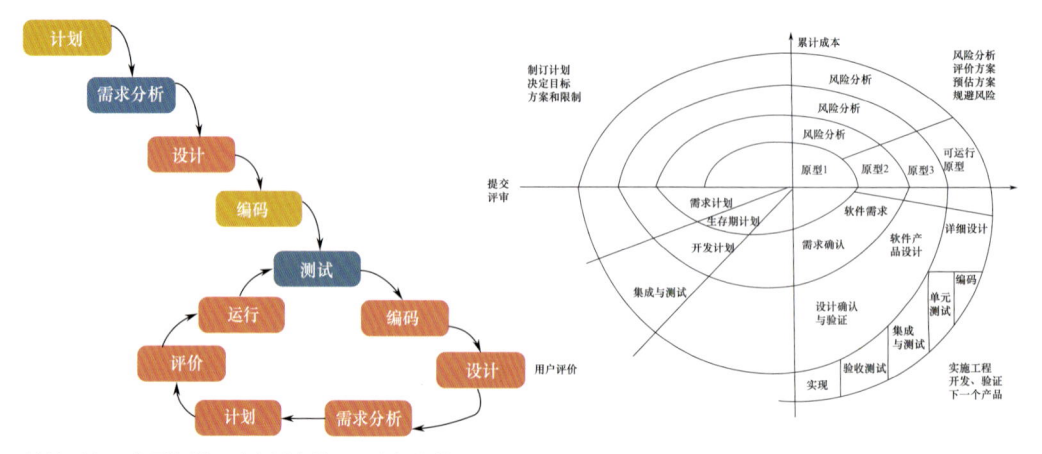

软件开发生命周期模型（左瀑布模型，右螺旋模型）

3.3.3 思维训练
Thinking training

1. AR/VR 应用实例

初步了解 VR 与 AR 的基本内容后，可以通过下面的应用实例分析进一步明确呈现内容。

实例一：Star Walk 2 Ads+

Star Walk 2 Ads+ 为一个精致的观星应用程序，用户可以通过移动设备屏幕探索夜空，探索并观察成千上万的恒星、彗星、星座等天体。精美的建模和 AR 体验让用户身临其境地感受星空。

该应用程序可通过使用用户设备内的传感器与全球定位系统来确定夜空中恒星、行星、星座、彗星、国际空间站、卫星、星团、星云及流星雨的准确位置。

实例二：VRChat

VRChat 是一款由格雷厄姆·盖勒和杰西·荷德瑞开发的免费大型多人线上虚拟现实游戏。允许玩家以 3D 角色模块与其他玩家交流，同时也支持 Oculus Rift、HTC Vive 和 Windows Mixed Reality 虚拟现实耳机。该游戏已于 2017 年 2 月 1 日通过 Steam 的抢先体验模式在 Microsoft Windows 平台发行。

VRChat 最大的特点就是用户可以自由地上传自己使用第三方 3D 软件制作的形象、场景来自定义游戏，这使得 VRChat 中的 UGC 毫不受限。用户可以"COS"各种原本只存在于电影、电视上的形象，二次元在里面更是大行其道。人们在里面可以完全脱离现实世界限制，扮演自己喜欢的角色。

虽然这游戏名为 VRChat，但 VR 设备并不是必要的。因为游戏内缺乏打字接口，所以麦克风和说话的能力还是必要的。另外，使用键盘和鼠标来游玩时，一些功能如脸部表情或者自带物品

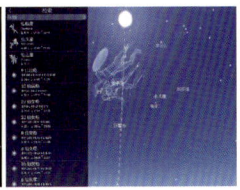

Star Walk 2 Ads+ 主要界面

VRChat 界面

等无法启动。而且使用键盘鼠标的玩家也只能在有限的角度和高度来拾物或者做身体动作。

2.AR/VR 的可用性探讨

可用性是指产品在特定环境下使用，为特定用户，用于特定用途，所具有的有效性、效率和用户主观满意度。从用户使用的角度来看，可用性是非常重要的，可用性可以使用户的任务准确完成，起到辅助性的作用，同时用户使用完毕后会感觉良好而不是糟糕。从开发者的层面来看，用户可用性则是对一个系统是否成功的评价标准。从管理者的层面来看，使用感不好的产品不会热销，一旦用户不购买该产品，这就是一个巨大的损失；一个产品一旦失去了可用性，就会极大地浪费人们的时间，降低效率。Nielsen 是一名人机交互学博士，通过总结分析 200 多个可用性问题，于 1995 年提出了尼尔森十大可用性原则，熟练掌握这十大可用性原则对指导设计意义重大，可提升整个产品的可用性体验。

可用性的评估方法

启发式评估、认知演练、可用性测试、与指南的比较。

可用性测试

我们在做产品或系统的可用性测试时，都想把结果更好地传递给相关方。除定性的研究结果外，还有定量的可用性问卷。这些可用性问卷是标准化的，不仅可以科学地量化用户体验，也方便相关方之间有效沟通。常见的标准化可用性问卷有整体评估问卷、任务评估问卷和网站感知可用性评估问卷。

系统可用性量表（System Usability Scale，SUS）于 20 世纪 80 年代中期编制而成，尽管编制者将其描述为"快速而粗糙"的可用性问卷，但是丝毫不影响它的受欢迎程度。SUS 被认为是 20 世纪 80 年代经典的可用性问卷标准，用于评估整体系统的可用性。全球大约 43% 的专业机构进行整体评估时，将 SUS 作为测试后问卷题目。SUS 中共有 10 个问题，置信度为 85%。

可用性的启发式研究——Jakob Nielsen

系统可用性量表

SUS标准版		非常不同意		↔		非常同意
序号	问卷问题	1	2	3	4	5
1	我愿意使用这个系统	○	○	○	○	○
2	我发现这个系统过于复杂	○	○	○	○	○
3	我认为这个系统用起来很容易	○	○	○	○	○
4	我认为我需要专业人员的帮助才能使用这个系统	○	○	○	○	○
5	我发现系统里的各项功能很好地整合在一起了	○	○	○	○	○
6	我认为系统中存在大量的不一致	○	○	○	○	○
7	我能想象大部分人都能很快速学会使用该系统	○	○	○	○	○
8	我认为这个系统使用起来非常麻烦	○	○	○	○	○
9	使用这个系统时我觉得非常有信心	○	○	○	○	○
10	在使用这个系统之前我需要大量的学习	○	○	○	○	○

（1）系统状态的可见性

系统应在合适的时间段向用户提供反馈和信息。例如，推特会通知你它什么时候会发布推文，并且会在它完成这一操作的时候发出声音提示；谷歌检索界面中飞机的颜色和位置变化会提醒用户飞机是否准时到达。想象一下，如果系统在你准备传输文件前就告知传输文件的速度是多少岂不是更好。

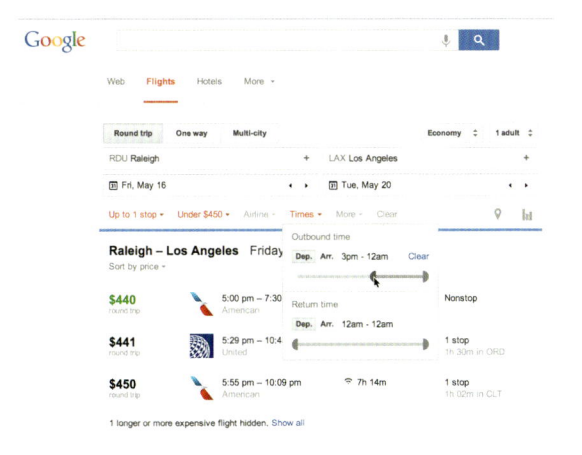

谷歌检索界面

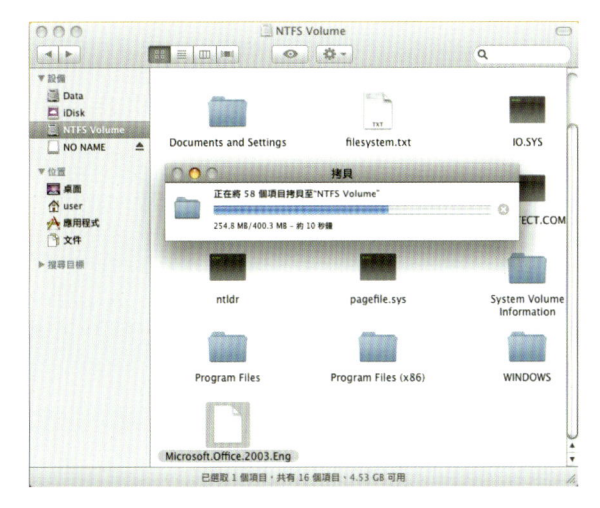

传输文件界面

（2）将系统与现实相联结

系统应该使用用户的语言，用户熟悉的单词、短语，通俗的概念去交流，而不是使用仅适于系统的专业术语。应遵循现实世界的沟通惯例，使信息以自然的、有逻辑性的形式出现。

例如，虚拟按钮的内容设置可以像现实世界中的对话，而不是单纯的标签。注意，不要使用仅适于系统的语言和设计误导用户，如花体字。

用户的语言在软件中的应用

（3）用户操作及权限

用户有时会错误地选择系统功能，因此需要一个清晰标记的"紧急出口"离开不需要的界面，而不是冗长的扩展对话。系统要提供支持撤销或者执行的操作，也要允许用户更改或删除购物车中的项目，如 Inkling 购物车界面，使用户有更好的购物体验。

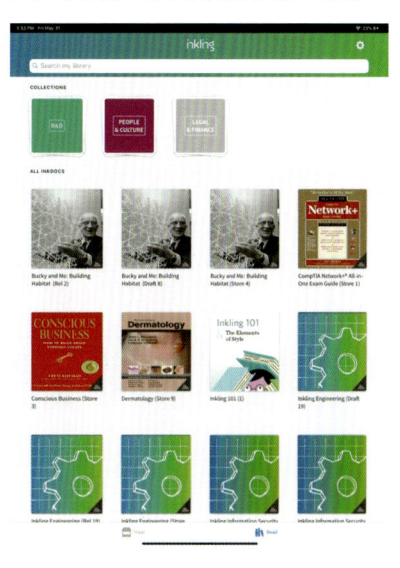

Inkling 购物车界面

例如，当发错邮件时，需要一个"撤销"按钮，如谷歌邮件界面。

谷歌邮件界面

（4）图标的标准及规范

用户不必担心需要理解不同的词汇、情境或者动作，只需遵循平台给的指示即可。作为惯例，用户会期望在任何网站的右上角都能看到像"登录"这样的行动指示。

网站中的"登录"

人们可能会以为旋钮是音量调节键，但它其实不是。

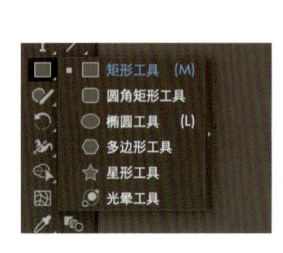

旋钮的标准及规范

（5）报错预防

比起及时的报错信息，精心的设计会更加令用户青睐。它从一开始就阻止了问题的产生，要么消除了容易出错的条件，要么会检索这些条件，并在用户提交操作之前向他们提供确认选项。例如，当用户忘记插入附件时，谷歌邮件会给出提示。在谷歌广告上，如果用户输入的预算比之前的大得多，系统会提示用户是否真的想要这么做。Facebook 不会阻止用户发布违反其规则的推销广告。第一次投放广告的用户也不会被推送到最好的位置，因为 Facebook 在后续会发现这样不可行。

谷歌邮件提示

Facebook 发布推销广告

（6）易识别的而不是需要回顾的

使对象、动作及选项可见可以最小化用户的内存负载。用户不必记住对话的每部分细节信息。在适当的情况下，系统的使用说明应该是清晰可见且容易辨认的。例如，明确的标题、提示用户检索的说明和一个鲜明的行动指令可以聚焦所需信息。

易识别的对象

（7）使用的灵活性及效率

新用户可能不会留意到的网络加速器，通常可以为老用户的使用提高速度，这样系统可以同时满足新用户和老用户的需求，允许用户进行频繁的操作。高级用户可以使用谷歌图片上的过滤功能来缩小他们的搜索结果范围。例如，在Dropbox上分享一个文件，可以简单快速地复制链接或者设置高级选项。该特性请求突出了高级用户对无法自定义默认信息的诉求。

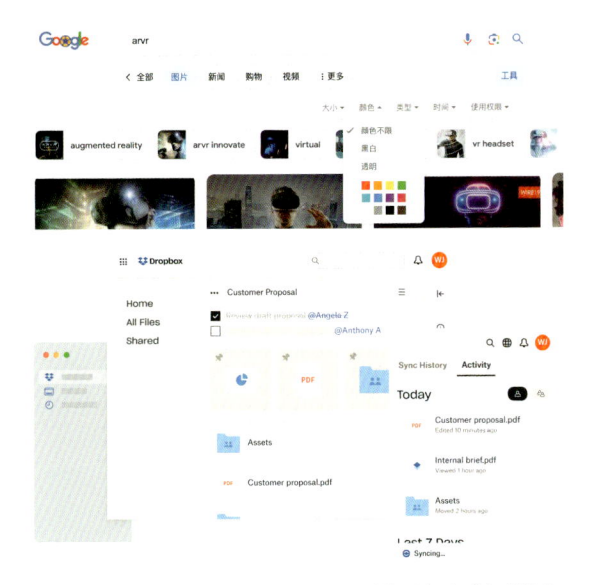

界面的灵活性及效率

（8）唯美简约的设计方向

对话不应包含无关或者极少涉及的信息。如果对话的每个相关信息单位都要与额外信息单位竞争，就容易喧宾夺主，降低它们的相对可见度。

迪特尔·拉姆的设计反映了这一设计原则。"更少，但更好——因为它专注于传递必要的信息，产品没有多余的负担。"iA Writer 应用程序是一个简约的打字工具，界面中没有赘余的信息干扰，可以让用户专注于正在书写的段落，其余的会暂时隐藏。此外，要避免在接口上添加过多的属性。检查每个单元并提问——我们真的需要这个部分吗？

迪特尔·拉姆的设计 　　　　iA Writer 应用程序

（9）帮助用户识别、诊断并修复错误

错误信息应用简单的表述（而不是代码），准确地指出问题，并给予用户建设性的解决方案。例如，Dropbox 上的一个报错信息，有趣的信息会让用户参与其中，而其相关链接会让他们有兴趣留在网站里。注意，切勿告诉用户有什么功能出错且无法修复。

Dropbox 界面

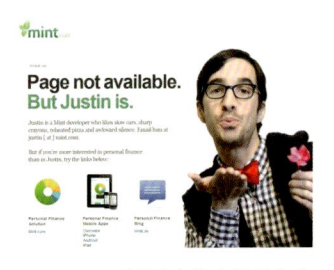

网站中的有趣的信息

（10）说明书及文件说明

尽管系统在没有文档的情况下使用效果会更好，但是有必要提供相应的说明书及文件说明来帮助用户理解。任何类似这样的信息都应该是容易被搜索到的，关注用户的使用需求，列出要执行的具体步骤，而且内容不要太多。

例如，Kindle 内置了一张指令卡，里面有它的操作说明，而不是冗长无味的说明手册。AirBnB 上的上下文帮助提供了常用问题的解释。

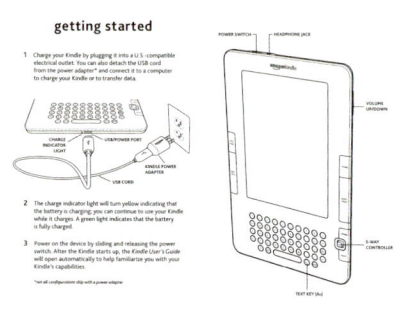

Kindle 指令卡

AirBnB 帮助按钮

3. AR/VR 的可用性分析案例

熟练掌握尼尔森十大可用性原则对指导 AR 和 VR 的交互设计应用意义重大，可以大大提升产品的可用性体验。为了让学生更好地理解尼尔森十大可用性原则，下面以现有的一个优秀 AR/VR 产品为例，分析其可用性体验。

物布空间是一款带有交互功能的 AR 终端应用，允许用户把数字化的生活动态存储在现实的物理环境中，运用 AR 技术连接人与人、人与时间、人与空间。带着用户在现实的后续时空中与真实的人互动，让信息穿越时空，用足迹上的经历延展属于自己的故事。

原则一：系统状态可见性原则

界面简洁明了，操作使用单击的方式，十分易懂；可根据用户的服务需求及时给出需求反馈；配有软件基础使用的视频介绍；用户所发布、创建的信息，不仅能保留在平面地图上，更能以 AR 记忆点的方式，留给未来途经此地的陌生人，慢递给未来的自己。

原则二：系统符合现实状况原则

参考导航地图的形式，使用现实场景的目标用户语言，利用标志性图标进行地点识别；图案提示让用户位置清晰可见，提升识别性；降低用户的学习使用成本，提升了用户的使用效率。

原则三：用户可控原则（撤销重做原则）

为用户提供容错率，当用户输入错误的信息时给予用户反馈并提供指示或者返回提示，并从原来路径提供返回或撤销等操作。

原则四：一致性原则

对用户来说，同样的文字、状态、按钮，应具有相同的功能，按照通用的平台惯例，也就是，同一用语、功能、操作保持一致。

（1）结构一致性：相似的结构能够增加用户的使用舒适度，采用统一圆框加图标与文字的结构样式能够快速让用户了解应用与各个选项的功能，体现了结构一致性。

（2）色彩一致性：产品所使用的整体色调应该是统一的，避免颜色众多显得缭乱。主色调为黑色和紫色，其中一些标签强调的文字颜色为白色，整个界面除图片的有效信息外，都通过灰、白、黑色来呈现界面色彩的一致性。

（3）操作一致性：能够让用户在产品更新换代时仍保留惯性操作，降低用户的学习成本。切换菜单统一放置在屏幕下侧，是操作一致性的体现之一。

原则五：防错原则

与错误发生后的补救措施相比，更好的是预防错误的发生，以帮助用户避免一些错误的发生，或在用户提交之前给予再次确认的选项，特别是在一些具有毁灭性效果的操作时，一定要有提示。例如，当想要删除发布的内容时，系统会出现确认删除的弹窗提示，而且它是清晰可见且容易辨认的。例如，图中明确的标题、提示用户检索的说明和一个鲜明的行动指令都可以聚焦所需信息。

原则六：易取原则

应用的选项清晰明了，用户只需单击对应的图标即可获得对应的信息，不需要记忆，这大大减少了用户的记忆负担。

应用的操作方法或使用上的简单说明容易获取，也方便了用户的操作。

原则七：灵活性和使用效率原则

符合该原则的软件允许用户进行频繁的操作，拥有更加便捷灵活的代码和反馈。

物布空间作为一个社交类型的 AR 软件，互动性强，每个图标基本上都对应一个相关的功能，在页面中满足不同需求。场景互动中的应用也会据此做出实时的地方更新，包括距离和方向等，对用户的各种频繁的输入都有十分灵活的反馈。

原则八：美学与极简主义设计原则

符合该原则的软件不应包含无关紧要的信息，而且界面的美术风格要精简美观。

物布空间的界面简洁，深色的页面视觉体验温和整洁，同时也不显单调。在历次的更新迭代中不断丰富动画、图标等美术表现效果，设计以功能为主导，不含广告及营销诱导。

原则九：容错原则

错误信息用文字表达，较准确地反映问题所在位置，并提出一个建设性的详细解决方案，帮助用户从错误中恢复，将损失降到最低，符合容错原则。

原则十：帮助和文档

最好的设计是不需要"说明书"的，让用户快速上手能操作是交互设计师的核心诉求。面对一些较复杂的产品时，用户需要提示。物布空间在扫描时无指示箭头提示如何操作；在进入界面时，也没有新手使用教程，因此不符合人性化帮助原则。

分析总结

这种在 AR 中可以展现自己多面性方法和表达自己的空间，让用户仿佛有了另一个归属。在当前的版本中，物布空间以 LBS 定位技术 +AR 科技的方式在发布地点的现实空间中记录、分享用户的生活动态。让用户成为自己每一寸脚步的记录者，用不同的方式把留在心中的画面或发生着的瞬间做成看得见的记忆点，在身临其境时加以分享。虽然还有许多值得改进的地方，但也不失为繁忙工作后用户心灵的一片憩息地。

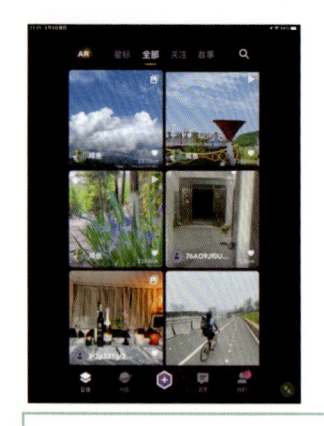

原则一：系统状态可见性原则		原则二：系统符合现实状况原则
原则三：用户可控原则	原则四：一致性原则	原则五：防错原则
原则六：易取原则		原则七：灵活性和使用效率原则
原则八：美学与极简主义设计原则	原则九：容错原则	原则十：帮助和文档

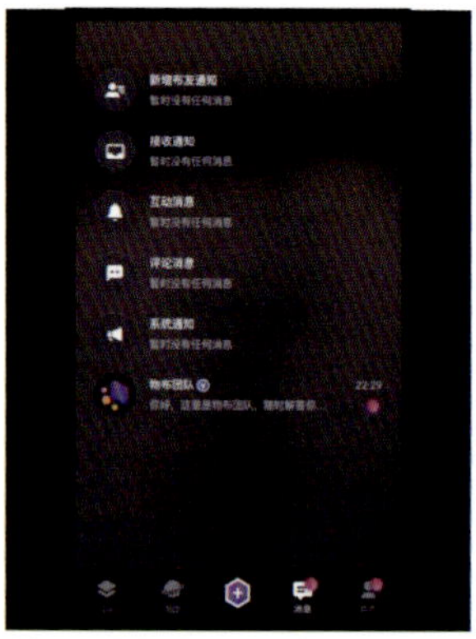

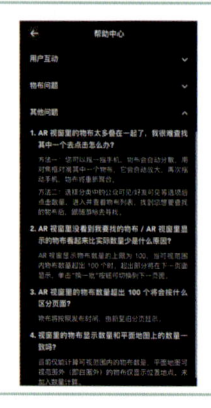

3.3.4 能力提升
Competence enhancing

1.AR/VR 相关开发引擎的介绍

Unity 是由 Unity Technologies 研发的跨平台 2D/3D 游戏引擎，让玩家轻松创建诸如三维视频、建筑可视化、实时三维动画等类型互动内容的多平台的综合型游戏开发工具，是一个专业游戏引擎。可用于开发 Windows、macOS 及 Linux 平台的单机游戏，Play-Station、Xbox、Wii、3DS 和任天堂 Switch 等游戏主机平台的视频游戏，以及 iOS、Android 平台下移动设备的游戏。Unity 所支持的游戏平台还延伸到了基于 WebGL 技术的 HTML5 网页平台，以及 tvOS、Oculus Rift、ARKit 等新一代多媒体平台。Unity 最初只作为游戏引擎，现已支持多种类型 XR 应用程序，拥有强大的场景编辑器、资产管理和存储功能，基本上所有 XR 设备厂商都提供 Unity SDK。

Unity XR

Unity XR 交互工具安装包（预览安装包），可为 AR/VR 添加交互性的简单方法，包括对象交互、UI 交互、运动交互等。无须编写代码即可实现常见交互，如 AR 手势、对象放置、注释等。

Unity MARS

Unity MARS 以视觉方式创作 AR 应用程序，可以在 Unity 编辑器中测试应用程序，基于智能现实世界识别开发可以与现实世界互动的应用程序，并支持多平台开发基于 ARFoundation、ARKit、ARCore、Magic Leap 和 Hololens 的应用程序。

Vuforia

Vuforia 是高度优化的计算机视觉跟踪软件平台，配合 Unity 开发。提供多种类型的跟踪，包括图像跟踪、对象跟踪、模型跟踪、区域跟踪等；同时也拥有丰富的交互功能，如虚拟按钮、遮挡、视觉效果等。

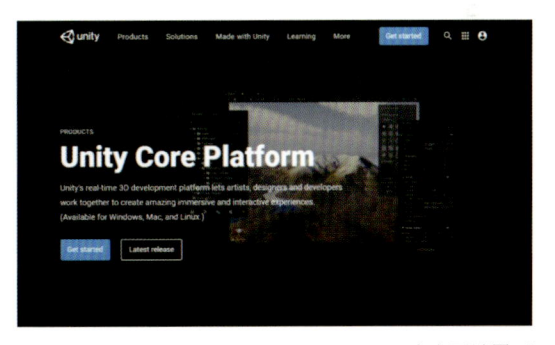

Unity 官方网站界面

Unity XR 交互工具安装包界面

2. AR/VR 相关开发引擎的原理和界面

第一步

　　Unity 的开发基于 AR Camera 捕捉拍摄到开发者搭建的游戏场景，并通过 Directional Light 提供光线，光照向摄像机，摄像机拍摄的场景就是亮的，反之就是暗的，这就是显示的摄像原理。

Unity 中 AR Camera 界面

第二步

　　AR Camera 需要 Vuforia SDK 的支持，单击 Target Manager 按钮，在 Target Manager 界面添加识别卡，这样当摄像头拍摄到指定的物体时，就可以在其上浮现 AR 模型。识别卡由开发者自己设定，开发者可以根据自己的设计内容选择一张具有区分度的照片作为识别卡，将其上传至网站后，网站将对识别卡的内容评定等级，评分越高说明识别效果越好，具体的图像识别原理可查阅 Vuforia 官网说明。

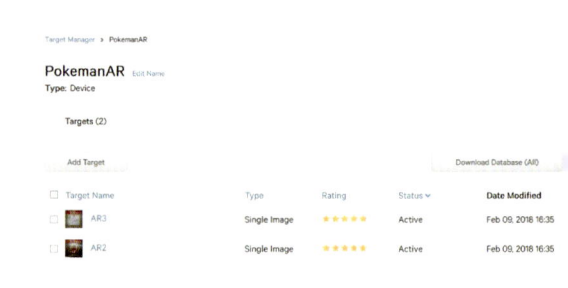

Target Manager 界面

第三步

　　下载设置好的识别卡 Database 到本地，回到 Unity，并导入下载的 Database，添加 ImageTarget。接下来就可以导入想要在 AR 界面上出现的模型或场景，本例将模型文件 pikachu 从本地计算机拖动到 Assets 目录下。

Assets 目录

第四步

　　模型导入成功后单击 AR Camera 图标，打开模型文件，在工作窗口中选择 Vuforia Configuration 选项，勾选 Datasets 选项卡中的选项即可完成一个简单的 AR 案例。

模型链接完成

3. AR/VR 相关游戏或应用的设计构思

了解 AR/VR 相关开发引擎后，游戏或应用的设计构思也至关重要。

以李五经等学生作品《AR 化学元素学习辅助系统》为例，需要先明确开发的主题。AR 技术在教育上的应用已经有很多范例，其新奇、直观的特点可以提高学生的学习兴趣。元素原子结构作为化学知识的难点，采用传统教学方式难以直观易懂地让学生明白。该小组以此为切入点确定开发一款面向初高中学生辅助学习化学元素相关知识的 AR 应用。

再是基于痛点的需求发现。学生通过对目标用户进行分析，发现作为难点的原子结构知识在传统 PPT 讲课中并不能直观清楚地展示出痛点，从而确定"准确易懂""趣味性"的需求定位。

随后需要对同类的应用进行对比分析以确定创新点。学生通过桌面调研发现现有原子结构教学的 AR 应用大多只展示了易于学习的玻尔模型而不是现在学界普遍公认的电子云模型，在信息准确度、理解难易度上有待改进。由此，一款利用 AR 技术展示中学化学原子电子云模型的设计构思就完成了。

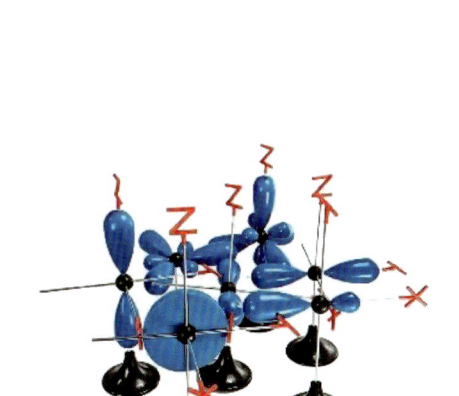

玻尔模型

电子云模型

4. AR/VR 游戏设计及应用开发

如何基于设计构思进行应用的开发也是学生需要思考的问题。

首先，需要确定产品的框架流程。在设计 AR/VR 应用系统前，学生需要明确产品的组成部分（如 AR 应用比 VR 系统需要多一步设计内容——识别物的设计）、各部分的使用流程（用户在系统中该如何体验）。

其次，确定设计规范。在设计初期，团队需要统一制定设计规范以遵循系统一致性原则，否则会增加后期工作量。

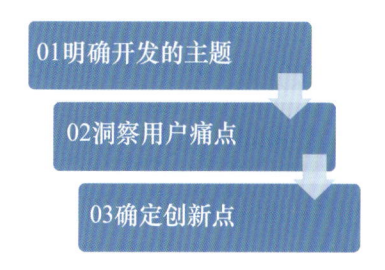

01 明确开发的主题

02 洞察用户痛点

03 确定创新点

设计构思流程

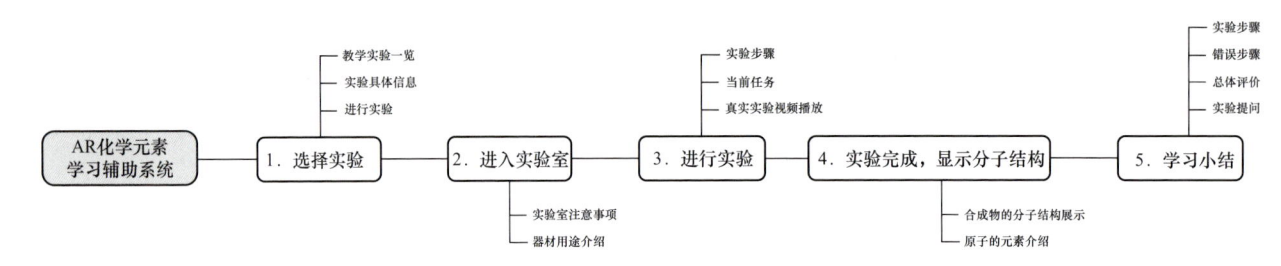

作品《AR 化学元素学习辅助系统》的框架流程

```
AR化学元素学习辅助系统 → 1.选择实验 → 2.进入实验室 → 3.进行实验 → 4.实验完成，显示分子结构 → 5.学习小结
```

1. 选择实验：教学实验一览、实验具体信息、进行实验
2. 进入实验室：实验室注意事项、器材用途介绍
3. 进行实验：实验步骤、当前任务、真实实验视频播放
4. 实验完成，显示分子结构：合成物的分子结构展示、原子的元素介绍
5. 学习小结：实验步骤、错误步骤、总体评价、实验提问

模型设计步骤

再次，开始进行初步的原型设计，如识别物的设计、UI 设计、3D 模型开发等。这个过程中，要求大量的设计任务在一定时间内完成，这是非常考验小组的协作和分工能力的。

最后，进行产品的开发。学生使用开发引擎 Unity，将前期的设计转化成代码，并在软件中呈现最终效果。

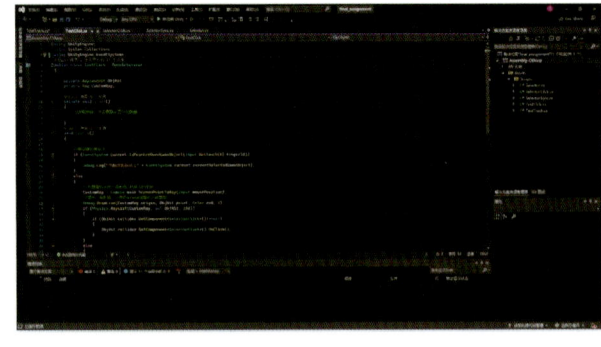

开发步骤

5. AR/VR 交互设计赏析·学生案例

"AR/VR 交互设计及应用"是一门结合设计教育与计算机教育的延伸课程。在此课程中，杜本麟教授和纪毅教授让学生以小组形式，对已提出的有趣议题进行创造性思考，开启学生对 AR/VR 界面设计制作的探索大门。

通过各小组的协作，工作坊最终呈现出很多优秀的 AR/VR 游戏与应用，每个作品都是学生付诸创意与汗水的成果，指导教师点评和鉴赏后，给出相应的改进意见。

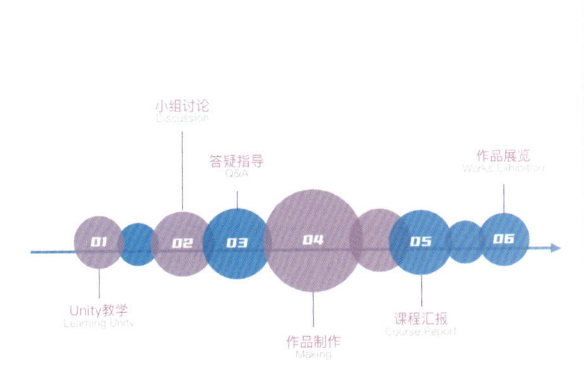

工作坊教学流程　　工作坊课堂的师生讨论与小组讨论

AR 化学元素学习辅助系统

该作品是一款帮助初高中学生辅助学习化学元素相关知识的 AR 应用。以化学元素为主角，将化学元素基础知识进行精简提炼，通过 AR 技术呈现，试图以趣味性、多维视角吸引学生进行基础化学元素知识的学习。根据现有化学元素知识制作相关模型和动画，并加入元素相关物质的模型示例，以求做到清晰严谨、简单易懂。主要在 Unity 中实现了 Android 端 AR 应用初步阶段的开发。

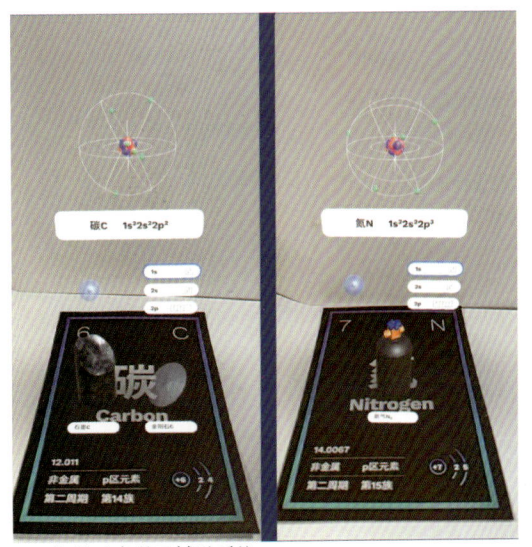

AR 化学元素学习辅助系统
设计师：李五经　周子健　刘雨彤　李聪聪　莫晓程

AR 吟潮音

该作品将 AR 技术与剪纸立体书结合，给予用户视觉和听觉的双重体验。立体书使用剪纸制作，剪纸被粘贴在不同的位置，营造出立体感。用户可以打开吟潮音软件进行 AR 扫描，观看更丰富、更有沉浸感的剧情内容。在剧情播放之后，可以查看人物细节，也可以在主界面随时观看已看过的内容。该小组以潮剧《荔镜记》为原型，对其中的情节进行精选和修改，制作出原创人物，同时采用潮汕话唱出戏剧内容，传播非遗文化。

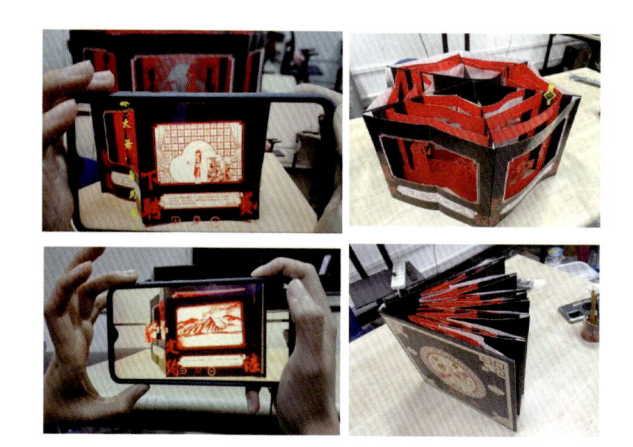

AR 吟潮音
设计师： 肖明艳 朱嘉敏 郑依婷 赵升辉 徐浩

梦忆游春图

该作品利用 VR 技术和建模技术，将《展子虔游春图》中涉及的山水布局、自然景色、传统意象、人文景观用三维化、数字化的方式展示出来。同时，搭建 AR 空间，使体验者可以感同身受地体验到古画中营造的天人合一的境界。同时，在该画作的基础上探索多层次、有趣的交互形式，让体验者能够在虚拟环境中感受传统中国山水的意境和中国哲学。

梦忆游春图
设计师： 蔡奕辉 李祖炜 侯朝河 龙紫墨 黄文悦

新·环境

New - Environment

基于未来生活的概念设计
Conceptual Design Based on Future Living

可持续建筑设计
Sustainable Architectural Design

公共空间装置
Public Space Installation

4.1 基于未来生活的概念设计

Conceptual Design Based on Future Living

Hannu Popponen

张勇

4.1.1 外教说 · ［芬兰］Hannu Popponen

Design can be used to solve big global challenges

In today's world, we constantly face great challenges. For example, the Covid-19 has greatly changed the world, our lives and the interaction between people in recent years. The proportions of remote work will increase in many countries in the future, which means that our lifestyle will change in the future as well. The Covid-19 is just one example of major changes in the world. Other major global challenges in the future are, for example, climate change, refugee flows caused by wars, famine, population aging around the world and rapid urbanization. We organized the Future Living workshop specifically from the point of view of how design students studying different fields could be involved in solving major global challenges. In the workshop, students looked for solutions to future challenges on many levels, depending on which field of design they are studying.

设计可以解决严重的全球性挑战问题

当今世界，人类不断面临巨大挑战。例如，近年来新冠病毒感染极大地改变了世界，改变了我们的生活，改变了人与人之间的交往方式。未来，在许多国家，远程工作的比例将会大幅增加，这意味着未来的家庭生活方式也会随之有所改变。新冠病毒感染只是世界发生重大变化的一个例子。未来的其他全球重大挑战包括气候变化、战争造成的难民潮、饥荒、世界各地的人口老龄化和快速城市化等。

我们组织了"基于未来生活的概念设计"工作坊，特意让学习于不同设计领域的学生尝试合作探讨全球重大挑战问题的解决方案。在工作坊中，学生们根据他们所学习的设计领域，在各自的专业方向上共同合作寻找解决未来挑战问题的方法。

We wanted the students to think about the answers to the following questions: What are the biggest challenges and problems in life in the future? How can planning help solve problems? What kind of design products and/or services are needed?

In the assignment, the students developed a concrete solution to a certain challenge. Some of the student groups focused on their immediate surroundings, for example developing more functional student apartments. The students also developed solutions for, among other things, a more efficient recycling system and solutions for improving the mobility of the elderly.

The workshop lasted for four weeks and was held once a week, which is a really short time for a course on this topic. In the course, we wanted to teach the students that design is more than the design of physical objects. We want to expand students' thinking and allow them to understand how design thinking can help clarify ideas in the design process. During the course, the students' thinking developed clearly.

我们希望学生们思考以下问题的答案：未来生活中最大的挑战和问题是什么？如何帮助解决问题？需要设计什么样的产品或服务？

在最终的作业成果中，学生往往能针对某一挑战提出了具体的解决方案。例如，有的专注于他们周围生活环境的设计，开发更实用的未来学生公寓，有的为保护环境开发了更有效的循环回收系统解决方案。

工作坊的课程每周1次，持续4周，对一个专题设计课程来说，时间非常短。在这门课程中，我们希望学生能够明白设计不仅仅是物理产品的设计，服务设计和系统设计越来越成为设计的中心部分。我们希望能够拓展学生的思维，让他们了解设计思维是如何在设计过程中帮助理清思路的。课程期间，学生的思维得到了发展。

4.1.2 课程背景与目标
Course background and objectives

1. 主题

从鸿雁传书到卫星通信，从新冠疫情到全球变暖，从固定居所到流动办公，文化的冲突与融合，和平与战争的冲击，人类的世界不断发生各种问题，但也义无反顾地向前发展。本工作坊的主题是通过对未来社会生活形态的研究和预测，尝试提出一种能帮助解决人类社会问题和提高人们生活品质的概念产品、生活空间、服务或产品系统。

2. 要求

学生分组完成调研与概念提案，并通过与指导教师研讨确定最终方案，完成设计，撰写设计报告，制作展览文件及模型，优秀作品参加公开展演。

本工作坊是面向本科二年级学生的专业选修课，通过与学生分享人类生存环境变化、全球气候变暖、科技发展趋势所带来的生活方式变化，以及对可持续设计概念的讲授与讨论，包括文化、社区等人文设计思想与现代设计关系的讨论，帮助学生学习和训练概念设计的研究方式与设计方法。

工作坊虽然是典型的面向未来的概念设计能力训练，但同时也强调未来与传统的连接、文脉的延续。帮助学生在人文与科技等领域对生活方式进行分解，结合未来科技与社会发展趋势，对未来人类可持续生活形态进行探索和重构，理解并实践构建人类命运共同体、可持续发展和谐共生的设计思想。

4.1.3 课程组织及教学准备
Course organization and teaching preparation

工作坊课程共4周32学时，每周两次课，每次4学时。课程开始会进行4学时的基础理论讲授与研读，然后分组讨论，适时进行理论讲授与设计辅导，课程结束进行课程总结汇报。

工作坊组织者由中国教师与外籍教师各一位组成。参加者主要是设计类二年级学生，不分专业，具有一定的综合设计基础，产品开发设计基础无要求，英语基础相对较好。

外籍教师不需要有中文基础，但需要有一定的建筑学知识及国际化视野，对可持续概念、社区文化有一定研究，喜爱东方文化。外籍教师在教学上侧重于对设计理论、思维方式的讲授，能够启发学生进行多元的设计思考。

中国教师则侧重于有较好的设计能力，特别是关于前沿科技、材料和结构的相关知识与实践经验，同时有较好的英语交流能力，了解西方文化，对中华文化有较深的理解。

为了培养学生的国际交流能力，中国教师在工作坊中并不负责翻译，主要负责课程组织与沟通，设计方案辅导，帮助解决在方案讨论过程中因中外文化差异导致的沟通问题。根据经验，在工作坊进行过程中，往往会产生外教和学生因文化差异所产生的设计概念理解上的障碍，导致无法有效交流。此时，中方教师是沟通与融合的桥梁，通过对冲突产生的原因进行分析与解读，引导学生及外教找到差异并尝试取得一致的认识，并通过融合创新推演出既有本地文化特色又具国际化的产品。

4.1.4 目标与意义
Objectives and significance

1. 对未来生活方式的探索

科学的进步无疑给未来的生活带来了无穷的可能性，它既是可感受的，又是那么的不确定。未来必将到来，成为现在，也终将成为过去。事物的变化在悄悄地改变着我们的生活，也在不知不觉中形成了我们今天的生活方式。从温饱到安全，从安全到情感的满足，再到自我实现，可以说，任何的物质产品终将过时，但人类对美好生活的追求永不停息。本工作坊通过对时间、地理、生活方式、文化、科学的讨论，让学生基本理解与尝试运用从生活方式切入的设计方法，提升学生的概念创新能力。

2. 开拓思维，掌握概念设计的基本能力与方法

相对于实物产品的设计，概念设计更能培养学生的开拓性创新能力。学生通过趋势研究，对未来科技、社会发展进行预测，并在设计中尝试构建未来美好的生活蓝图，推导未来可能的生活方式，并以具体的产品、产品系统或服务的具体形式进行设计和表达，完成概念的构建与输出。概念设计是一种将抽象思想场景化应用的具有前瞻性和策划性的设计，是对具体设计活动的一种策划和指引，培养一种重要的"大"设计能力。

课堂讲授与个别辅导

4.1.5 知识分享与交流
Knowledge sharing and exchange

1. 文化与社区

人类社会的发展是物质文明和精神文明交相螺旋上升的结果，归根到底是生活方式的不断适应和优化。

虽然对文化的定义有多种的理解，但文化与社区一定是不可分割的，社区是文化形成的基

础的时空范畴，人与人、人与人群、人与环境之间的关系形成丰富多样的生活方式，也孕育了文化。同时，文化也对社区里的人、人群的生活与工作产生了一定的制约。共同的价值观是社区文化的核心。社区文化不可能离开一定的形态而存在，这种形态既可以是物质的也可以是非物质的。在工作坊中，导师引导学生不仅要从科学技术的范畴思考，而且要从社区的视角系统思考，构建未来生活的完美场景，开阔学生的设计思维。例如，未来城市的形态并不仅仅需要设计无人驾驶的交通工具，更是基于无人驾驶技术所带来的生活方式、社区的形态来设计与探索。

2. 历史、现在与未来

研究历史就是研究未来，现在必将成为历史，未来必然到来。人类社会不断发展，科学技术带来了物质文明的飞跃。无论科技如何进步，人类社会的过去、现在与未来都有着不可分割的联系。不同的历史时期人们对人生的追求各不相同，对幸福的理解和感受也千差万别，但追求自由、健康、快乐、团圆对人类来说在历史和未来都是具有普遍意义的。

工作坊导师向学生讲授并与其讨论相关知识，引导学生在做概念设计的时候不要仅仅从科技方面思考，而应该综合文化、社会、社区等多个角度对未来的生活形态进行探索，提出完整的、立体的未来生活方式的概念设计。

3. 全方位的可持续设计

可持续设计并非传统意义上的节约材料，即材料重复利用的"原始"绿色设计，而是一种更系统化的整体解决方案，通过产品与服务整合的方式提升效能，减少物料消耗与加强可再生循环，实现社会整体的可持续发展。全方位的可持续设计不单单是消费的可循环，而是同时能够完整兼顾人类社会文化、道德、经济可持续发展的全方位的设计策略，是一个兼顾物质文明与精神文明的完整解决方案。

工作坊导师通过介绍可持续设计介绍相关知识，引导学生自学与思考，并通过案例分析加深理解，从学生提案出发，引入讨论，启发学生养成在设计中进行可持续思考的习惯，并通过项目训练掌握可持续设计的基本方法。

4.1.6 问题与方法
Problems and approaches

1. 不好把握概念设计的度

对低年级设计学生来说，概念设计的难度主要在于对设计深度和广度的"度"的掌握，设计初学者容易把概念设计做成完全天马行空不受任何约束的"超级设计"，也可能不敢放开思维而做成一个实用性设计。引导学生学会梳理科技及人类社会发展的脉络与趋势，是帮助学生在将来设计实践中较好把握概念设计边界的关键。

概念设计是基于科技发展趋势的面向未来的设计，但并不是科幻小说，像"飞毯"一样的未来交通工具就毫无科学根据，这样的概念设计只能是一种对未来的畅想，并不是设计意义上的概念创意。正确的概念设计应该是基于

资料收集与头脑风暴

作业汇报展一角

现有技术发展趋势所能够预测的、将来科学技术所能达到的状态。例如,自动驾驶,现在虽然未能完全实现公路上的完全无人驾驶,但基于其技术水平和科技发展趋势,将来可以实现。基于技术可行性所做的设计就是一个合理的概念设计。

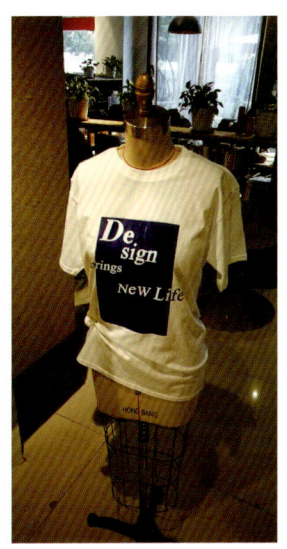

2. 我不是学这个方向的,做不了规划设计

本工作坊并不是针对建筑学或者规划专业开设的规划设计工作坊,其输出是开放性的,可以是产品、服装,也可以是服务、系统。学生可以根据自己的专业方向或者兴趣点进行设计开发。工作坊鼓励跨专业组队,通过不同专业的知识交流,开拓学生思维,产生专业综合效应,更能体现工作坊所提倡的文化、科技与艺术结合的跨界融合的初衷,学生应该积极打破专业围栏,跨界融合,整合创新。

3. 时间这么短,方案要深入什么程度,怎么表达

由于工作坊课时比较紧张,设计的深入程度基本应该控制在概念方案阶段,并不需要过于深入的细节设计,但对设计的边界并不做过多的限制,以释放学生的想象力,最终设计方案的呈现方式以方案文字描述及概念渲染图,包括场景、产品、产品使用图、平面展板、PPT 和短视频的形式展现,并不要求制作表现模型,但鼓励学生在方案讨论的过程中制作研究草模、进行方案探讨,最终呈现形式可以在方案辅导过程中和导师商讨,要求学生不要在项目初期过于担心无法表达概念而在方案设计创新上受到限制,工作坊导师会适时对方案表达方式进行指导。

4.1.7 优秀作品展示与点评
Excellent works display and comments

"LOTUS" 浅海社区

设计师：梁舒婷　梁禧明　吴守南　胡佳伟　杨乐怡

新设计 国际教师联合工作坊实践教程

浅海社区设计全景图

中国香港拥挤的居住空间
随着沿海城市经济的急速发展，劳动人口也会随之膨胀，土地矛盾日趋激烈。本案例对中国香港的浅海区域进行设计探讨。

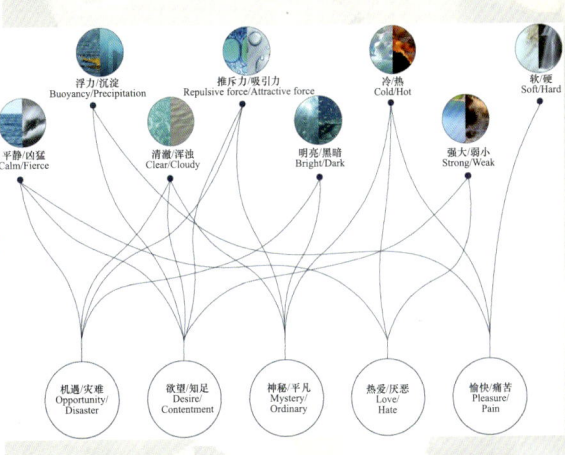

灵感来源："莲花"，一种水上水下的"功能整合体"

人类对海洋的感知

全球气候变暖，海平面上升，陆地面积减少，人与土地资源的矛盾日益加剧，为了缓解居住压力，占地球表面积约70%的大海无疑是一个很好的选择。相对于海面漂浮的海上建筑，浅海海底受阳光和风暴的影响小，温度较为恒定，可能是人类定居的一个新选择。

未来，一种新型的社区城市可以像莲花一样在靠近海岸线的浅海区域有机"生长"，不断繁殖。海床上是延绵不断的像莲藕一样的模块化居住仓，海面上是大面积的太阳能收集板和运动场，居住舱与海面漂浮的能源模块、体育模块之间有软性的电梯连接。宁静的海底社区和海面上大面积的功能空间有机结合，提供了一种新型的建筑与社区模式。

点评：
海底辽阔而神秘，学生对海底居住进行了探索，并运用仿生的方式设计了像莲花一样沿着浅海边缘蔓延交错的水下居住空间，同时也利用宽阔的海面规划了太阳能收集板和运动场，形成了功能全面、分层立体的居住社区，合理且巧妙，达到了功能与形式的完美统一。

4 新·环境

129

该案例拟位于中国香港南丫岛西南方的桔仔湾和下尾湾之间。东面有山地阻隔，对台风有一定的削弱作用，因此该水域的风浪不大。在这片海域，平均海底深度在 25～37m，属于浅海湾，海底光照相对充足。

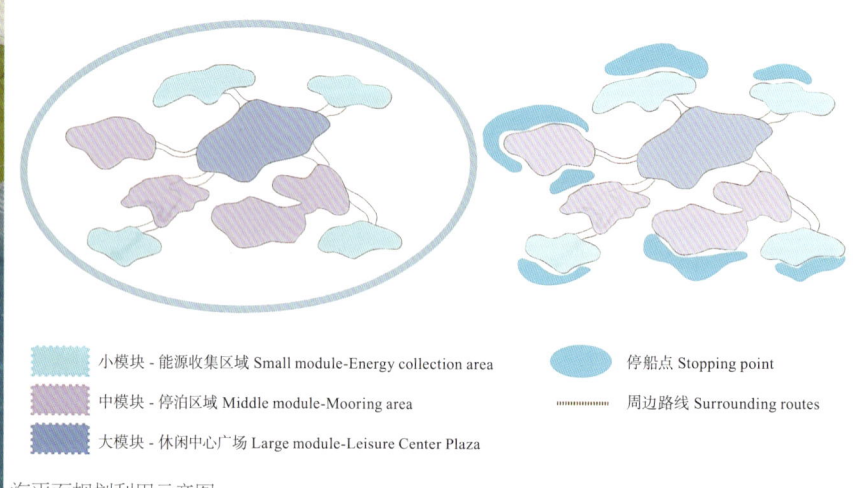

小模块 - 能源收集区域 Small module-Energy collection area
中模块 - 停泊区域 Middle module-Mooring area
大模块 - 休闲中心广场 Large module-Leisure Center Plaza
停船点 Stopping point
周边路线 Surrounding routes

海平面规划利用示意图

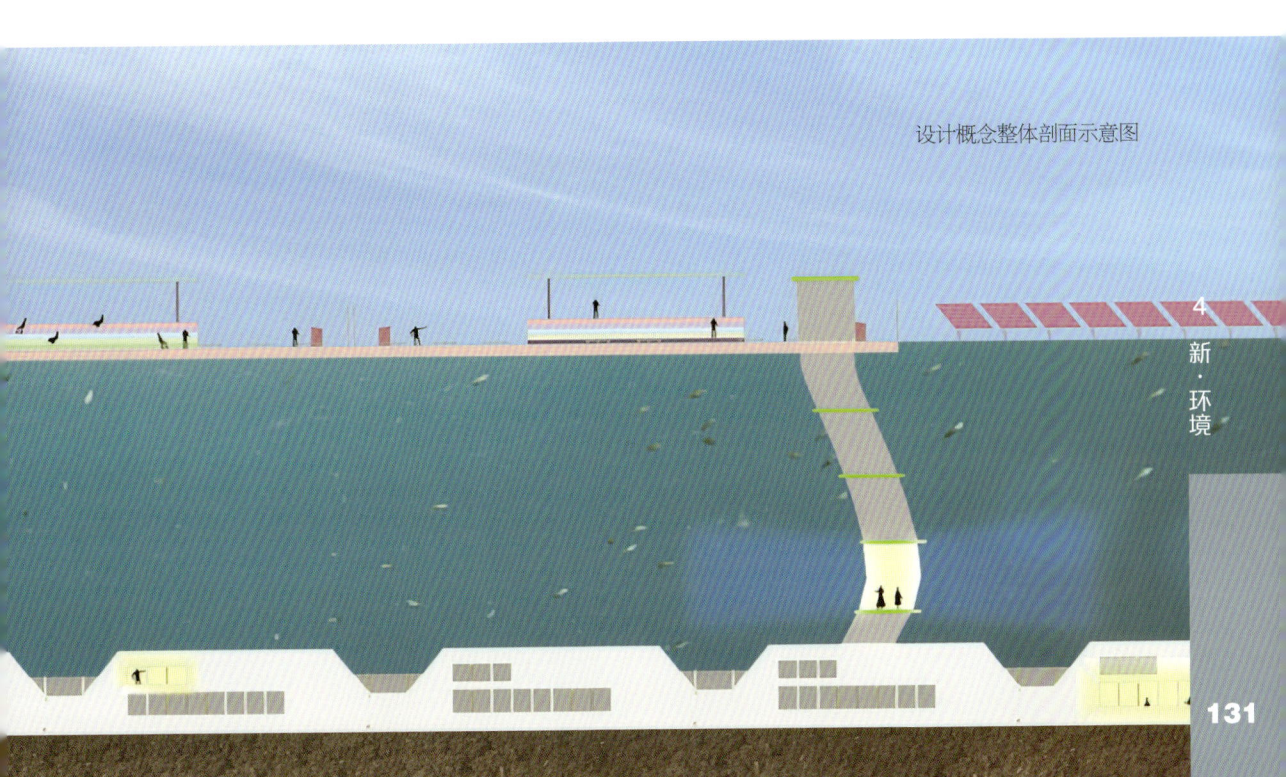

水下宁静清纯的世界,照明使用的能量是水面上漂浮的太阳能收集板所产生的清洁能源

设计概念整体剖面示意图

4
新·环境

"CAMCAM"
露营式隔离酒店

设计师：林小靖 黄捷 周晓菲 张惠玲 郭靖文

  "CAMCAM"露营式隔离酒店坐落在机场附近的郊野，由酒店管理公司经营，所有客房都是由预制的模块化箱式空间根据用户需求搭建而成的，散落在郊野空地上，相互分隔，避免传染，同时也能为隔离人员提供足够的室内与户外空间，将单调的隔离生活变成有趣的精致露营生活。用户可通过App预约及定制个性化的空间组合。箱式模块屋顶是玻璃材质，满足采光的需求，三角形的造型可让雨水顺势滑落。左边是一个落地的玻璃幕墙，营造一种室内外融合的视觉感受。箱式模块底部有轮子，方便移动组合，可以按照不同用户的需求搭建个性化的组合空间，不同功能的箱式模块之间有可伸缩的弹性过道连接，方便使用者在模块组成的家里自由活动。箱式模块还附带污水、废弃物收集模块，这些可以通过收集车统一密封收集处理，避免二次污染。

隔离酒店现状

居住用房 Residential house
管理处 Management office
医疗用房 Medical room

点评：
　　利用城市边缘的郊野地带兴建模块化的露营酒店，既能实现物理距离的隔离，也能为隔离人员提供带有户外绿地的个性化空间组合，隔离人员再也不需要呆在标准间里面了。

郊野中相互分隔

个性化模块组合预约移动应用

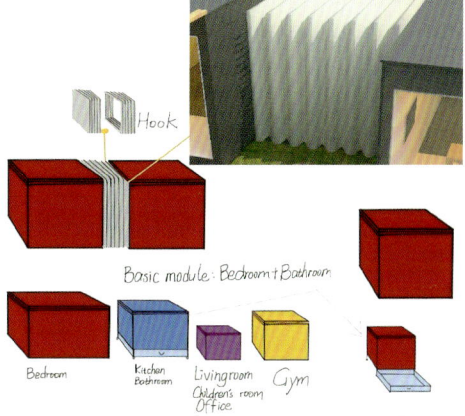

可降低拼装精度的弹性连接通道

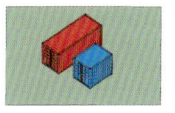

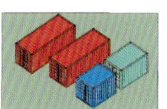

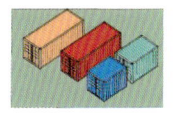

基础模式：设有起居室与卫生间模块；
家庭模式：设有多个卧室、厨房与卫生间模块；
商务模式：设有起居室、办公活动区、厨房与卫生间模块。

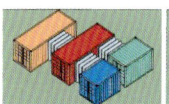

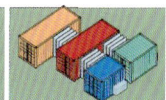

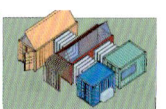

联通各模块空间：利用弹性管道作为模块间的接驳通道；
完善水循环模块：单独模块，便于清洁；
改善居住整体环境：开启天窗，引入户外阳光；
倾斜屋顶：减少雨雪积聚问题。

设计效果图

4 新·环境

133

"Nest"
分离组合式模块化课室

设计师： 杨艺 陈希洋 洪佳一 梁卓宇 伍淑婷

　　"Nest"（"巢"）的内部结构为蜂窝式模块化建筑，由功能不同的模块组合而成，如教室、图书馆、教师办公室、卫生间等，采取放射性布局，中间半围合成公共活动空间。在满足使用功能差异化的同时，能通过功能模块小群组分离组合的方式保留足够的流动空间，便于空气的流通与人流疏散，方便管理。

　　"Nest"特殊的蜂巢式六边形组合，在给予不同空间各不相同的开门方向的同时，也通过灵活的动线安排减少了人流的交叉，能够有效降低传染的概率，也便于小单元的管理。

蜂巢式解构的优势
满足个性化需求
减少设计与建设时间
拆装方便

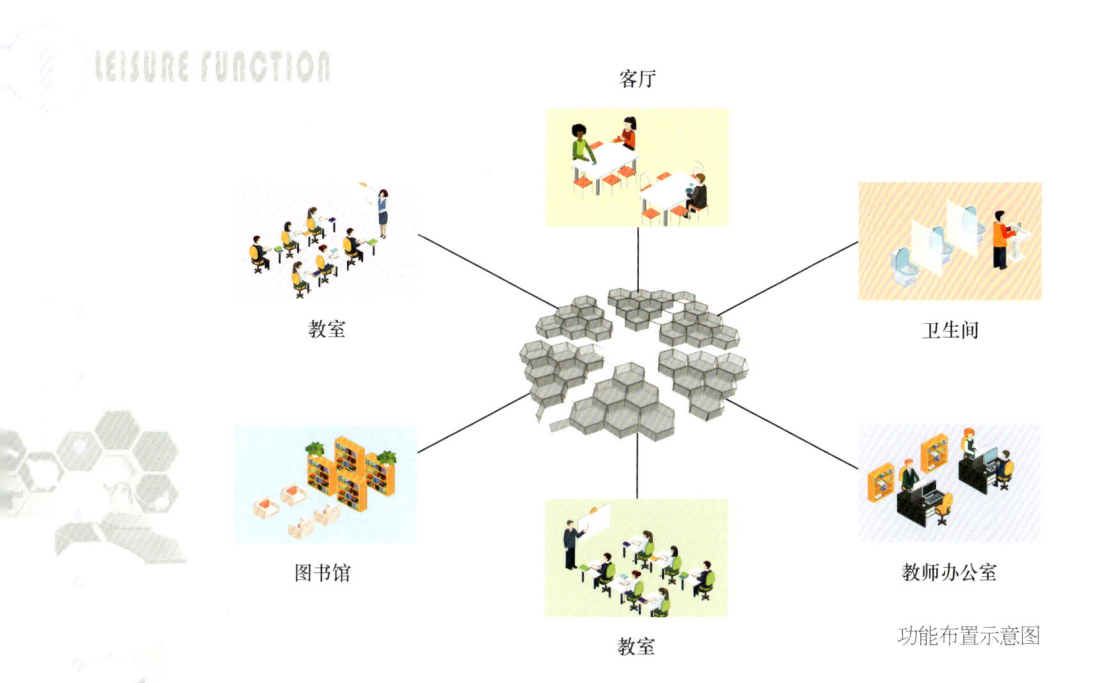

LEISURE FUNCTION

客厅

教室

卫生间

图书馆

教室

教师办公室

功能布置示意图

组群中心公共交流区

点评：

本设计概念来源于蜂巢，但并没有采用蜂巢的平铺布局，而是以六个单体为一组来组成一个单元，在单体与单体之间增加了可互通的门，单元与单元之间留有通道，并且采用放射式布局，这种布局方式的优点在于平时使用时每个单体都有自己独立的大门，单体与单体之间也能互相连通，能提供最大的空间组合及充足的通风与分散的动线，能减少人流聚集，方便管理，是一个很聪明的设计。

4 新·环境

135

健康蔬果
HEALTHY VEGETABLES AND FRUITS

自营
SUPPORTING

新设计 国际教师联合工作坊实践教程 新模式生活
NEW PATTERN

支配空闲时间
LEISURE

"GREEN"
带菜园子的绿色社区养老院

设计师：张翠鸿 叶灿培 董玲华 黄绮君 张贵元

  为了延缓老年疾病的发生并使其益于治疗，适当的劳动能够给予老年人适当的身体和思维的训练，减缓衰老。在这个菜园子中，老年人可以在护理人员的照看下进行适当的锻炼，同时菜园子也是一个老年人的社交空间和话题，收获的农作物不仅可以供养老院内人们食用，使其产生足够的成就感，还可以成为老年人给探视的后辈

们的礼物，以此增进感情。整体建筑的设计，符合老年人对养老院内部设计的特殊需求，建筑及室内的设施最大限度地采取弧形设计，减少意外事故对老人的伤害。增加空间利用率和功能空间的合理安排，依据无障碍化的原则，在一层设置多个门厅，老年人可根据自己想要去的功能区就近出入，方便安全。

规划示意图

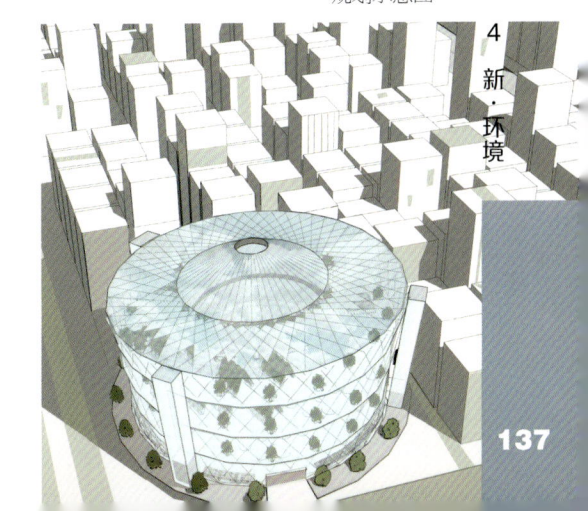

4 新·环境

新设计·国际教师联合工作坊实践教程

　　绿色社区养老院自带菜园子功能，通过简单的种菜活动让老年人能够从户内主动走到户外，形成一个动态的社交场所。

　　菜园子使用无土栽培的技术，具有完整的智能化功能，通过智能机器人完成大量体力工作，老年人的工作以管理和力所能及的轻量体力劳动为主。

　　菜园子上层是种植空间，下层是销售空间，可以吸引周边社区的家庭购买，增加老年人与社区的联系。

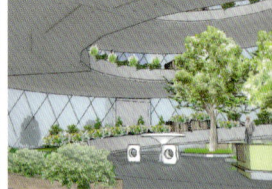

老年人在智能机器人的协助下整理菜园子

外部效果图

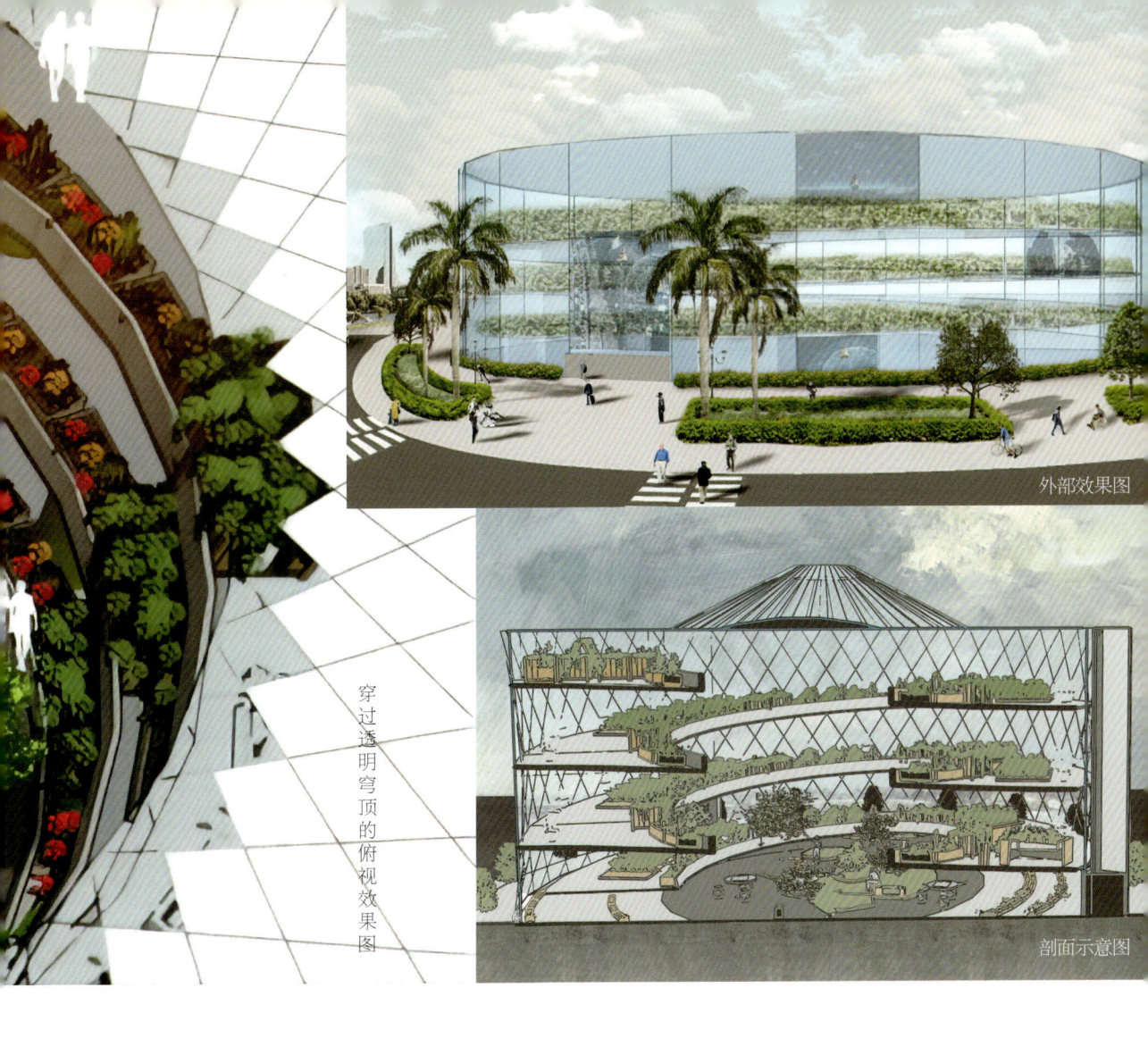

穿过透明穹顶的俯视效果图

剖面示意图

菜园子里的智能机器人

点评：
　　一个可以相聚与交流的半开放式"慢"社区可以为老年人提供心灵的营养，收获的喜悦与分享更能提供持续的成就感及对儿孙照顾的情感持续，在养老院中，他们通过参与现代农业投入新的社群，在劳动中获得自我价值的再实现，也通过与家人分享成果而享受相聚的快乐。

4 新·环境

139

新设计·国际教师联合工作坊实践教程

"CORAL"旅居式海底小镇

设计师：张嘉玲 胡宁静 孙彬栩 杨奇奇 冯诗琪

未来海底小镇设计效果图

"CORAL"意味着一种主动的居无定所，未来地球海域扩展，大量的浅海独栋小镇涌现，为单身年轻人提供经济的居住平台，年轻人可"驾驶"自己的海底单间锚投入以兴趣为主题建立的CORAL社区，每栋CORAL社区为独居青年提供海上休闲空间与海下居住区域，使其实现真正意义的居住自由。

"CORAL"居住社区与陆地上工商业的互连互通

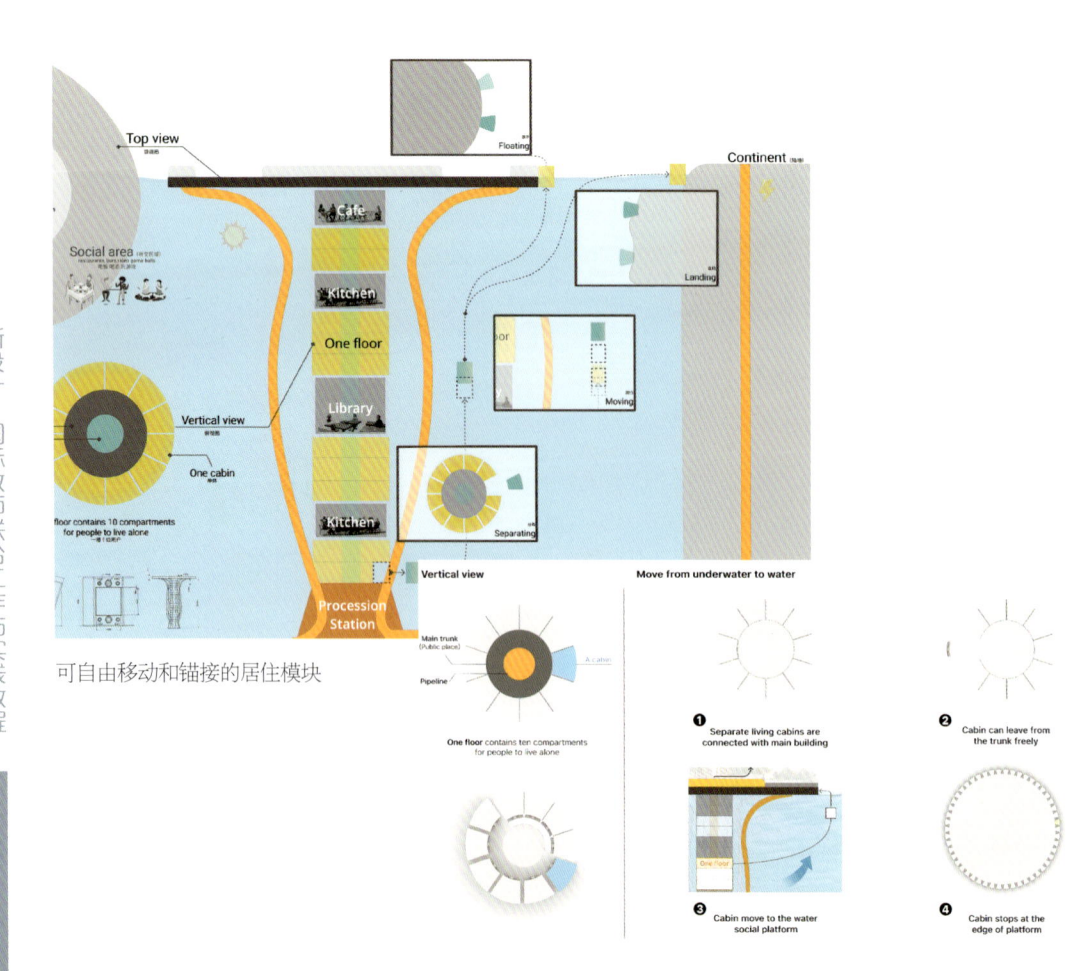

可自由移动和锚接的居住模块

新设计·国际教师联合工作坊实践教程

意象 & 推演

设计讨论草图

评语：

"CORAL" 小镇是一个个独立的浅海居住平台，平台供应水电等基础设施，独居青年可以将自己的"房间"锚定在平台上生活，也可以根据个人或者工作的需要在不同的 CORAL 之间自由迁徙。

CORAL 海底城市扩充了人类的生存空间，为解决年轻人的居住问题提供了新的方案。

CORAL 是一种自由，也是一种态度。

4 新·环境

4.2 可持续建筑设计
Sustainable Architectural Design

Teemu Hirvilammi

彭译萱

4.2.1　外教说·［芬兰］Teemu Hirvilammi

Hello!

Let's get to know each other. My name is Teemu, I live in Seinäjoki that is a small city outside of Helsinki. I studied in Oulu university, but I now work in Tampere university. My major is bamboo housing in the urban context. I teach architectural structures and building technologies and housing design. It is −9℃ cold today and it is still snowing here. As you have seen, though living in the same Earth, natural conditions are so different from here to there. Nevertheless, sustainable living is a common goal for us, as we have only one Earth that resources are limited. Sustainability is usually expressed in economic, social, and environmental aspects. Let's explore more in this workshop!

你好!

　　让我们互相了解一下。我的名字是Teemu，我住在赫尔辛基以外的一个小城市塞纳约基。毕业于奥卢大学，但现在在坦佩雷大学工作。我的专业是城市背景下的竹制住宅。我教授的主要课程包括建筑结构、建筑技术及住房设计。今天气温是−9℃，冷，我们这里还在下雪呢。正如你们所见，尽管我们住在同一个地球上，但是自然条件在不同的地区是如此的不同。然而，因为我们只有一个资源有限的地球，所以可持续生活是我们共同追求的目标。可持续性通常表现在经济、社会和环境方面。让我们一起在这个工作坊探索更多吧！

4.2.2
课程背景与目标
Course background and objectives

1. 工作坊主题及语境

本工作坊由国际客座教授 Teemu Hirvilammi 和广东工业大学环境设计系教学团队共同主持，面向跨专业本科二年级学生。本工作坊的主题是绿色可持续——面向未来的学生宿舍设计。

工作坊旨在通过北欧教学模式，全面深入地探讨可持续设计理念。设计对象是与校园生活息息相关的学生公寓。通过思考居住及集体住宅的本质和各项功能，运用绿色低碳材料，从结构、空间设计等方面，畅想未来学生公寓的建筑方案设计。

2. 目标与意义

学生应通过该工作坊深入地学习两大内容：可持续设计理念及集体住宅设计。其中，可持续设计是设计各专业通用且符合人类共同利益的设计理念；而以学生宿舍为代表的集体住宅设计则从专业角度出发，严谨而专业地回应设计任务书，旨在以国际化的教育模式，培养学生方案设计的能力。

3. 课程组织及准备

课程内容与教学时长

课程内容包括相关专题的教师授课 8 学时（约占总学时数的 1/4），方案设计与辅导 20 学时（约占总学时数的 5/8），以及有针对性的全体师生汇报与评图 4 学时（约占总学时数的 1/8）。每期工作坊总学时为 32 学时，集中在 4 周时间内完成。其中每周的集中上课时间为 2 个半日，学生应在课后持续参与并在各个设计节点产出相应的设计成果。

基础教学条件及相关准备

面向本科二年级下学期的学生，可以跨专业选课。学生应全面参与工作坊的各个环节，努力学习，全程投入。环境设计及相关专业的学生应具备基础的制图能力，可以使用手绘、实体模型、AutoCAD、SketchUp 等设计工具及软件。跨专业选修的同学应具备场地调研、问卷分析、设计分析等基础知识，并在参与过程中保持对新知识的开放性态度及创造性思维。课程可以采取线上线下相混合的模式，其中外籍教师可以线上的方式与学生完成授课、方案指导等环节，同时本地教师配合线下的各项教学组织。

与其他课程的联系

本工作坊主要面向环境设计专业，也可跨专业选修，对环境设计专业的学生可承接"绿色材料与工艺""居住区设计""创意空间营造"等课程，跨专业学生可衔接"可持续设计""绿色设计"等课程。

线上线下结合的国际工作坊

4.2.3 知识分享与交流
Knowledge sharing and exchange

1. 低碳可持续理念与环境设计教学

本课程起源于对未来建筑的思考，如何构筑绿色低碳可持续的住所，是以大学校园为实践场所的建筑设计初探。

高密度住宅

我们的设计构思首先需要回应以下内容：

• 从你所处的校园中寻找设计场地；

• 分析场地；

• 该场地能适应多大的建筑（如 10m×10m、8m×15m、20m×20m 等）?

• 是开放场地还是现有建筑的延伸？

• 生活条件如何？

• 光环境是明亮的还是阴暗的？

• 声音是什么？是嘈杂，还是安静？你听到人声了吗？是说话声还是交通噪声？

• 你的设计可以使用地面还是需要加高或架空？

• 还有……

通过一系列提问与反思，以我们熟悉又容易被忽视的校园环境为对象，开启我们对人居环境的可持续性设计思考。

2. 构筑绿色可持续型住宅

关于可持续设计的探索是在全球范围内重要且正义的设计命题，这个命题既宏观又与每个人的生活息息相关，国际教师将通过以下一系列议题导入关于绿色可持续型住宅设计的理念。

未来是什么？

大趋势

大趋势（Mega-trends）是指对如人口增长、人口老龄化、经济增长、技术开发、气候变化、全球化、工作变化（职业、任务、工作方法）、城市化等宏观议题的讨论。课程包括对相关概念进行解释，并与本次设计主题及社会背景全面结合。

图中文字表达"我不相信全球变暖"

弱信号

微弱的信号（Weak Signal，简称弱信号）是广泛存在的奇怪的、新的、惊人的、疯狂的事物。今天可能会预示即将发生的变化。

弱信号是一种警告（外部或内部），事件和发展仍然不太完整，无法准确估计它们的影响或确定它的结果。

反趋势

与大趋势相对应的，每个大运动都有一个反趋势（Anti-trend）。例如，大趋势：从少中获得更多；反趋势：从少到更少。大趋势：强调个人风格；反趋势：减少选择的极简。大趋势：不均衡的人口增长；反趋势：日益增长的全球健康问题。大趋势：持续迁移；反趋势：安稳安定。

黑天鹅

黑天鹅事件（Black Swan Event）是指非常难以预测且不寻常的事件，通常会引起市场连锁负面反应甚至颠覆。从次贷危机到东南亚海啸，从"9·11"事件到"泰坦尼克号"的沉没，"黑天鹅"存在于各个领域，无论是金融市场、商业、经济还是个人生活，都逃不过它的影响和控制。

生态

对自然的向往是人类永恒的追求，建筑师刘珩曾经说过："人是猴子变的，不知道建什么就多栽树。"然而，建筑作为现代化的产物亦被打上了"水泥森林"标签。建筑不应该脱离自然，而应该像一座山或者山上的一棵树，甚至树上的一个鸟巢，具有它独特的生命力。在建筑设计材料中，生态友好型材料包括木材、竹材、石材等天然材料。

舒适

一个舒适的建筑项目需要照顾到使用者的各类需求。设计师应当在设计过程中广泛聆听使用者的看法，实际感受场地，并以同理心去思考设计。

社交空间

可持续性不仅仅体现在材料的选择上，更体现在社会可持续和经济可持续等主要原则方面。社交空间对如学生公寓这种类型的集体性住宅，是至关重要和不可忽视的。好的社交空间能促进居住者的良性互动与交往，可以为实现和谐社会及可持续发展社会贡献积极力量。

共居

共居（Co-living）是一种住宅社区生活模式，即有三个或更多生物学上不相关的人居住在同一住宅单元中。一般来说，Co-living是一种有意识的社区，是为具有相似价值观或意图的人提供的共享住房。Co-living 体验可以是只包括在公共区域或每周用餐的小组讨论，但通常会扩展到共享工作空间和其他集体性的方面，如更可持续地生活。世界各地越来越多的人转向集体居住，以发挥 Co-living 居住模式（如宿舍或公共住房）的显著优点，例如，共享、舒适、人口容量高和更有社会归属感等。

适应性

适应性是指灵活适应不断变化的因素、条件或环境的能力。在几乎每个工作生活场所，适应能力都是一项高度重要的技能。在建筑设计领域，适应性是指建筑要适应各种使用群体，以及满足他们所需的功能。

灵活性

灵活性也称可变性。灵活设计是一种设计形式，允许及时反馈真实使用场景下可能会发生的改变或过程性的变化，允许用户自定义，有时与自适应设计同义。

户外空间、阳台、露台

这些开放或半开放空间就像建筑主体组成部分一样重要，并在共同住宅设计中承担着积极的作用和功能，在设计可持续性探索方面的作用不可忽视。

4.2.4 设计流程与方法
Design processes and approaches

设计是一种基于解决方案的解决问题的设计方法，"设计思维"（Design Thinking）被不同的学者提出过。IDEO 创始人、斯坦福设计学院创办人 David Kelley 指出，设计思维强调以人为本的设计思想，它需要花费更长的时间做观察、访谈来深入理解用户，对解决未定义或未知的复杂问题极其有用。设计的流程主要分为以下 5 个步骤，本工作坊将与之相对应地开展设计。

同理心（Empathy）：收集对象的真实需求。通过问卷分析、田野调查等方法调研。

定义（Define）：分析收集到的各种需求，提炼要解决的问题。各组针对前期分析，找到设计定位。

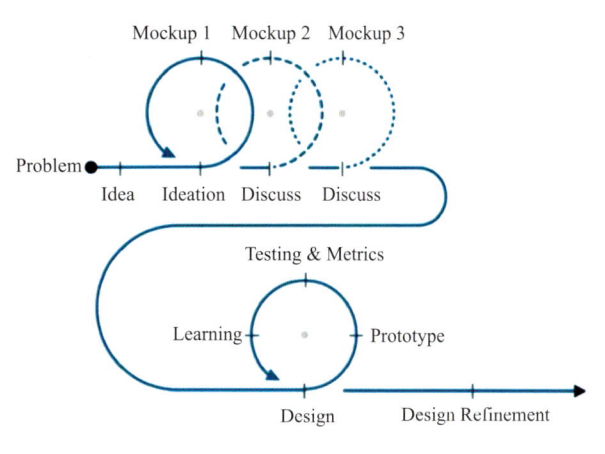

设计方法示意图

头脑风暴（Ideate）：打开脑洞，创意点子越多越好。为了解决设计问题，提出设计方案。

原型制作（Phototype）：把脑子里的想法动手制作出来。通过模型、图纸实现设计方案的转化。

测试（Test）：优化解决方案。

工作坊的过程全面涵盖了以上设计流程，并在过程中不断迭代推演，精益求精。

1. 低碳可持续的建筑设计理念

低碳建筑设计理念是在建筑材料与设备制造、施工建造和建筑物使用的整个生命周期内，减少化学能源的使用，提高能效，降低二氧化碳排放量。目前低碳建筑已逐渐成为国际建筑界的主流。建筑领域在二氧化碳排放总量中，几乎占到了50%，这一比例远远高于运输和工业领域。在我国发展低碳经济的道路上，对建筑进行低碳设计注定成为必然。

低碳建筑设计主要考虑三点：一是节能，这个节能是广义上的，包含"四节"——节水、节地、节能、节材，主要强调减少各种资源的浪费；二是减排，强调减少建设和使用建筑物中排放的固体、气体、液体等环境污染物；三是满足人们使用上的要求，为人们提供"健康""舒适""高效"的使用空间，提高环境质量。低碳节能建筑明显地降低了能量的消耗。

经相关人员研究表明，建筑物在建设和使用过程中消耗能源大于50%，同时生成34%的污染物。低碳节能建筑能有效地减少能耗，据统计数据，低碳节能建筑的耗能与一般的建筑相比降低超过70%。低碳节能建筑再现了新型建筑艺术。传统的建筑采用的是商品化的生产技术设计和建设过程。低碳节能建筑突出强调将本地的文化和原材料融入建筑设计，不违背当地的自然和气候条件，展现本地风格并形成新的建筑美学。

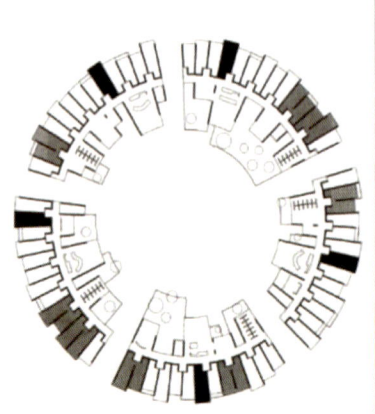

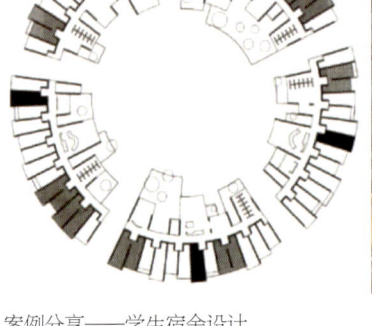

案例分享——学生宿舍设计

2. 国内外相关建筑规范

建筑规范是建筑设计可以实现的重要指引。学生应深入学习并熟悉相关建筑规范，包括木结构建筑相关规范、宿舍设计相关规范等。而外籍教师则在教学过程中向学生介绍他所在国家或地区相关的建筑规范。

例如，芬兰的建筑规范中对房间最小面积、宽度、最小窗户面积等有详细的规定。建筑师在设计门窗位置的时候，会充分考虑建筑室内动线，根据采光、使用习惯等布置家具，同时兼顾舒适性、灵活性、适应性等前文提及的可持续性原则。在总平面的布置上，非常注重防火逃生等需求，并对无障碍设施的布置极为重视。北欧建筑师在设计中贯彻了可持续性原则并加以实现。

案例分享——学生宿舍设计

3. 绿色低碳材料的类型与应用

绿色建筑在过去是指"消耗最少地球资源，制造最少废弃物"的建筑物，而现在扩大为"生态、节能、减废、健康"的建筑物。绿色低碳建筑的四大目标及其下细分的九大指标如下。

生态

生物多样性指标：增加生物栖地，使物种多样化。

绿化量指标：将建筑物所排放的二氧化碳转换成植物吸收量，降低二氧化碳浓度。

基地保水指标：使土地涵养水源，减少都市洪荒之地。

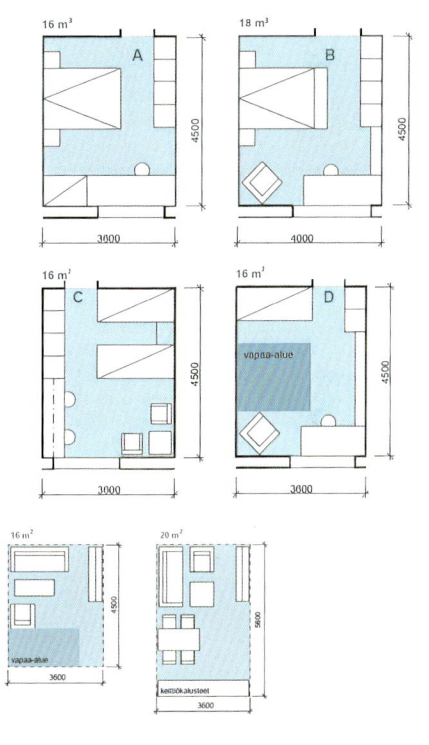

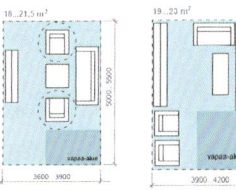

芬兰建筑规范示例（单位：mm）

4 新·环境

竹材，典型的绿色建筑材料代表

竹材制作的板材

节能

日常节能指标：节省日常使用能源。

减废

二氧化碳减量指标：使用低二氧化碳排放的建材。

废弃物减量指标：使用趋向自动化及规格化，避免浪费。

健康

室内健康指标：避免出现声、光、热、空气杂质、电磁等影响室内健康的因子。

水资源指标：节省水资源。

污水与垃圾减量指标：减少日常污水与垃圾量。

综合上述九大指标，有一类非常契合绿色建筑和可持续设计且备受芬兰建筑师推崇的材料——木材，它被选取为本工作坊的主要设计用材。另外，本工作坊还选取了竹材。在本工作坊设计理念的导入和设计过程中，学生需要选取它们作为主要的建筑材料，并根据它们的特性推敲方案的可行性与可持续性。

4.2.5 工作坊实录
Workshop recording

工作坊流程 1：场地分析

（1）5 人组成一个小组（30/6=5）。

（2）一起寻找两三种你梦想中的学生宿舍的可能替代方案。

（3）对场地进行快速分析，并在下一次工作坊中汇报展示以下内容：

- 使用照片、文字描述并分析场地；

- 手绘草图。

工作坊流程 2：设计理念

（1）第 1～3 组学习木结构建筑的相关规范并做一个简短介绍，包括但不限于：最大高度、最高楼层、防火要求及其他重要信息。

（2）第 4～6 组学习宿舍住宅的相关规范并做一个简短介绍，包括但不限于：住宅规模、消防条例、需要多少条逃生路线及其他重要信息。

（3）每个小组应提出自己的设计主题思想及理念、本次设计的出发点、灵感来源，以及方案的整体定位。

工作坊现场

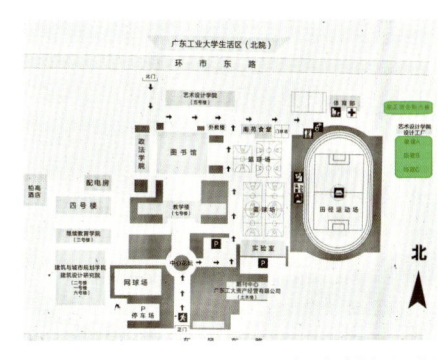

场地分析图示例

设计理念构建示例

4 新·环境

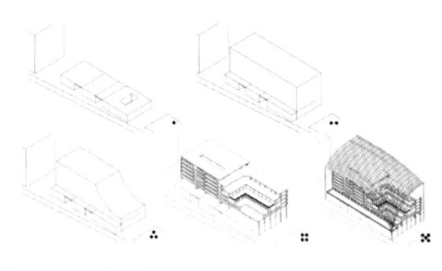

设计方案示例

工作坊流程 3：设计方案

（1）绘制 1/200 平面图；

（2）设计一楼及各个楼层的房间的基本平面布局；

（3）设计公共空间，如厨房、客厅、阳台等；

（4）设计楼梯间（根据学生宿舍和木制建筑等相关规范）；

（5）绘制 1/200 剖面图；

（6）绘制 1/200 立面图。

工作坊流程 4：终期评图

每个小组应做英文口头报告，并将方案完整地通过 PPT 形式呈现。终期评图可能会邀请校内外评委，每个小组应将设计方案从构思到最终效果的呈现过程进行完整的介绍。

绘图要求有：

- 1/200 平面图（所有相关楼层）；

- 1/200 剖面图；

- 1/200 立面图；

- 手绘草图及效果图；

- 渲染图（可选）。

4.2.6 优秀作品展示与点评
Excellent works display and comments

设计师：潘思圆 梁茵琳 李淑梅 邓浩俊 江鑫健

点评：
　　此方案在原有闲置教学楼的基础上，通过重新布局加建并与原有场地巧妙融合，创造出公共空间、空中花园及新的宿舍楼。该组学生对设计主题的理解透彻，善于思考，基本功扎实。作为环境设计系本科二年级学生 32 学时课程设计的作品，方案造型简洁但充满对建筑可持续性的思考，不流于形式。各类图纸经过几轮修改，结构合理，空间舒展，方案完整且具有一定深度。

点评：

　　此方案在现有的建筑上加建，以跃层宿舍作为空间设计的"形"。在方案的推敲过程中，虽然在室内布置、防火逃生通道、建筑可达性等具体问题上遇到了不小的挑战，但在芬兰教师悉心引导下，设计逐渐趋于合理并成型。该方案对户型的推敲值得肯定，充分考虑了建筑的绿色可持续性。

设计师： 陈洁盈　陈泳仪　黄可双　颜君美　邹佳畅

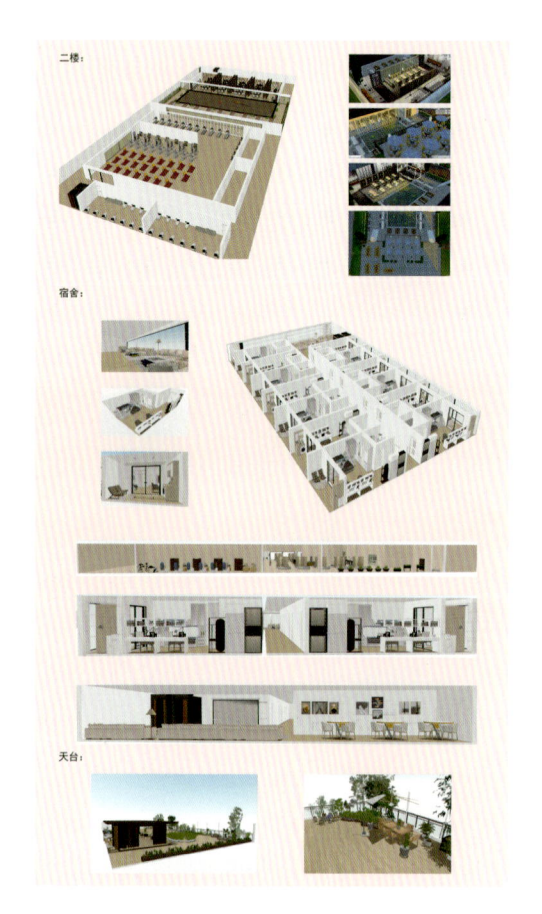

设计师：刘彦君 吴涵敏 何雨珊 杨嘉琪 郑美玲

点评：
　　此方案是由视觉设计、服装表演等跨专业选修的学生共同完成的。对第一次接触空间设计的学生来说，实属不易。设计过程充分地激发了他们的调研、学习及分析问题的能力。在设计表达方面，通过手绘、图表、简易建模渲染等工具，他们全力以赴地做出设计表达。该方案充分地体现了可持续设计的三大维度，尤其是在社会可持续性方面反复推敲，为学生宿舍设置了丰富多彩的活动空间，充分考虑了用户的需求。

点评：

　　此方案以模块化设计为出发点，注重空间的生动与灵活。学生最初对模块化建筑充满了天马行空的想象，体现在平面图纸上的是诸多不合理的结构和空间衔接上的难题。在数轮辅导中逐一对这些问题剖析和纠正的情况下，方案既保留了初始的创意，又尊重了建筑结构和空间的合理性。最终，方案呈现出一个生机盎然的社区，是学生心目中对未来宿舍的美好愿景与期待。

设计师： 刘小建　李诗琪　黄毅　魏恩娟　陈育燕

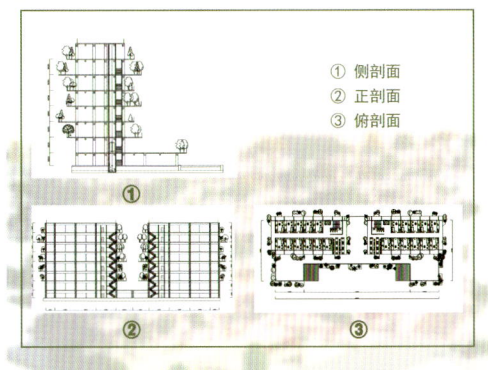

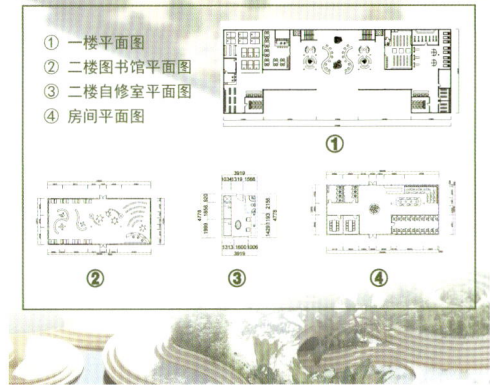

设计师：卓景超 阮欣瑶 欧阳浩哲 邓佳泷 崔炯 郑凯文

点评：
　　此方案是对现有建筑的改造，改造的重点是引入大量的生态可持续元素，如阳光、植物、半开放空间等，使原本常规的板式住宅楼变得如注入生命一般焕发活力。同时，社会可持续性也通过大量的露台等社交空间得以妥善体现。该方案的室内设计还可以更深入细致，方案完整度有待提高。

4.3 公共空间装置
Public Space Installation

Esa Piirönen

彭译萱

4.3.1　外教说·［芬兰］Esa Piirönen

Architecture and design can be taught in many ways. You can start with details and go on towards bigger things, or you can start with basics: point, line, plane, volume, space, color etc. Materials are a very essential part of design.

The essential thing in teaching is not to teach, but that the students learn. And the best way to learn is by doing, doing by hand.

We should design for all our senses with empathy. The new installation should be innovative in all possible ways. It should be ergonomic, practical, elegant, beautiful and full of cultural awareness. Idea is the most important thing to be valued, not the handicraft work.

　　我们可以通过多种方式教授建筑和设计。你可以从细节开始，然后逐步走向更大的体量。你也可以从基础开始，如点、线、平面、体积、空间、颜色等。材料是设计中非常重要的部分。

　　教学的本质不是老师教，而是学生学。最好的学习方式是去实践，去动手做。

　　我们应该用同理心来为我们的所有感官去设计。这些新装置应该以所有可能的方式进行创新。它应该符合人体工学，实用、优雅、美观，且富有文化意识。重点不是手艺，想法才是最值得重视的。

4.3.2
课程背景与目标
Course background and objectives

1. 工作坊主题及语境

公共空间装置工作坊是由国际教师及广东工业大学艺术与设计学院团队联合开展的,面向学院本科生及研究生,是持续数年的系列国际设计工作坊之一。旨在以我们所处的校园环境为出发点,围绕材料、文化、结构、功能等方面,开展广泛的空间设计实践。该系列工作坊具有鲜明的特点,包括时间跨度长、参与人员多、项目落地程度高等。该系列工作坊给学生提供了很好的项目实践体验,并引发了关于中西方环境设计方法的持续性探索。

2. 目标与意义

本工作坊中,学生应参与设计两种类型的环境设计项目:景观装置和公共家具;了解公共空间及其与用户、功能、材料、形式等之间的关系,改善校园环境及人与人、人与环境之间的互动和体验。工作坊是在国际教师的指导下,以中西方视角,通过方案指导、评图、展览和竞赛等过程,使学生学习设计项目的推演。在这个过程中,学生应通过对材料和结构的分析,将项目细致而严谨地进行推敲,体验项目从无到有、从图纸到落地、从材料到成品等全周期设计流程。

3. 课程组织及准备

(1)课程内容与教学时长

课程内容包括相关专题的教师授课(约占总学时数的1/4~1/3)、项目落地实践的师生参与(约占总学时数的1/3~1/2),以及有针对性的方案辅导及点评(约占总学时数的1/4~1/3)。每期工作坊总学时为32~64学时不等,集中在4~8周内完成。其中每周的集中上课辅导时间为2个半日,学生应在课后持续参与并在各个设计节点产出相应的设计成果。

(2)基础教学条件及相关准备

面向本科生及研究生,可以跨专业选课。需要使用竹材或木材,在专业人员的指导下施工,施工过程中应注意安全。学生应全面参与工作坊的各个环节,努力学习,开阔思路,且务实地推动项目落地。环境设计及相关专业的学生应具备基础的制图能力,可以使用手绘、模型、AutoCAD、SketchUp等设计工具及软件。跨专业选修的同学应具备场地调研、设计分析等基础知识,并在参与过程中保持对新知识的开放性态度及创造性思维。

（3）与其他课程的联系

公共空间装置工作坊简称729工作坊，为系列工作坊，因此具有跨学期、分批次，由不同师生接力完成的特点，学生可在不同的学期多次选修。可承接"绿色材料与工艺""景观与公共艺术""创意空间营造"等课程。

工作坊海报

4.3.3
知识分享与交流
Knowledge sharing and exchange

1. 中西交融的环境设计理念

作为国内最早、最大力度引进芬兰设计师为客座教师的艺术院校,广东工业大学艺术与设计学院致力于将北欧设计理念引入设计教学中已有超过十年的历史。通过将一批批优秀的国外设计师及教师吸引到广东工业大学来开展工作坊、产品研发、科研转换等形式,学院逐步建立起师生广泛参与的产学研相结合的国际创新团队。正是这样全面而频繁的交流,使得中西方教学团队不断地互相学习与融合。其中,由芬兰建筑师主要牵头的环境设计专业合作更是横跨了许多领域,包括从家具到建筑乃至公共空间设计。除了不断涌现出优秀的设计方案,其中的一些实践更是被实施落地。

2. 北欧设计方法论与本土化教学实践

"北欧设计"在世界范围内风靡数十载,以其自然清新、外形极简、注重细节与人机工学的风格,创造出一种融合造型与功能,适合日常使用,不盲目追逐潮流的现代经典设计语言。

如果说艺术和设计能够反映一个社会的审美倾向及生活水平,那么对芬兰人而言,设计则是融入他们日常生活必不可少的一部分。这种浓厚的对设计的追求与喜爱,得益于芬兰"从娃娃抓起"的美育(Art Education)。这套有着完善的法律保障及完整实施方案的国民教育,使芬兰的艺术设计教育以优质闻名世界。

芬兰的自然景观

优越的自然资源使芬兰人对大自然的热爱近乎痴迷,自然对北欧设计的影响是直观而深刻的,并通过设计映射且传递到全世界。在本工作坊的筹备及酝酿阶段,国际教师广泛地走访了中国的许多地区,只为深入观察和了解中国的传统建筑材料及工艺。其中,竹材作为传统的绿色材料成为工作坊的主要创作元素,工作坊对比开展了一系列的研究与实践。

竹材

4.3.4 设计流程与方法
Design processes and approaches

第1周：课程讲授，现场分析，研讨会和讲座。

第2周：方案设计讨论与辅导（个人或团体）。

第3周：制作等比模型，对空间设计方案及结构大样模型进行测试和修正。

第4周：完成设计并举办展览（及其后建造1/1落地方案的选择）。

第5～8周（可拆分为第二期）：建设实践，将设计方案在场地上建造落地。

《清明上河图》中的虹桥

1. 向中国古代建筑学习的材料与结构

在我国的文化瑰宝《清明上河图》中，构图的视觉中心位置有一座横跨汴水两岸的桥梁，它的形态优美而出众，宛如飞虹，故其名虹桥。虹桥不仅代表着它的文化内核，更源于桥身的木拱廊桥结构。《东京梦华录》对其进行了详细的记叙：

"从东水门外七里曰虹桥，其桥无柱，皆以巨木虚架，饰以丹雘，宛如飞虹，其上下桥亦如之。"

中国古代的建造材料主要有木、石两类，结构方式大体可分为梁柱和拱券两种类型。材料与结构如何结合要经过深思熟虑。中国木拱桥以拱为造型，结构为梁，通过梁柱结构充分利用了木材条形材料可承受拉力的性能。不仅做到了扬长避短、物尽其用，还将梁柱和拱券两种体系进行了有机组合。双重拱结构相互绞接不仅增加了稳定性，更使得木材同时具有抗拉、抗压、抗弯、跨度长四个特点，并在"桥"上得到了充分

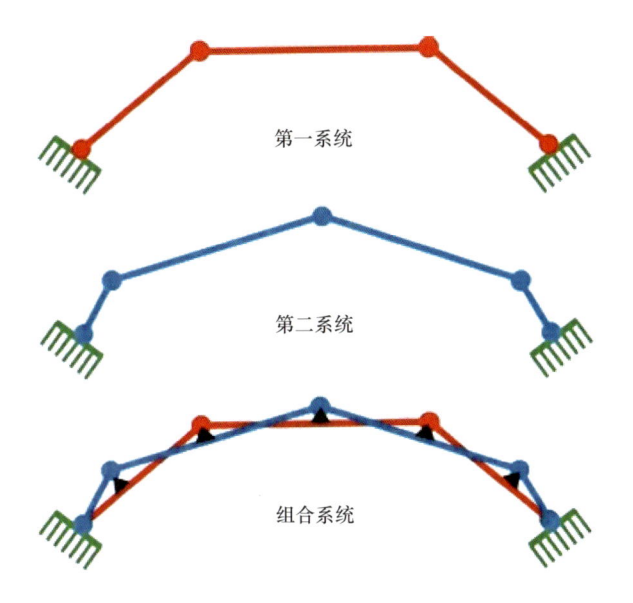

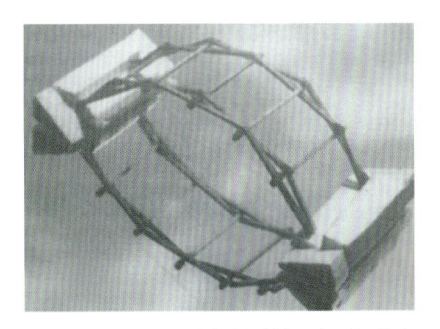

彩虹桥结构示意图与模型

的利用，匠心独运地兼顾了材料结构与功能的统一。

本工作坊的彩虹桥结构方案是通过借鉴和分析对中国古代建筑结构进行的实验性探索。选取这一结构开展工作坊学习的目的不仅包含对传统文化的尊重和喜爱，更是巧妙地结合本工作坊使用的景观建筑材料：条形竹制板材。

在中国古代虹桥体现了结构智慧的基础上，现代技术为传统材料带来了性能上的革新。为适应当代建筑的发展与需求，一种新型绿色建筑材料——重组竹，被推向市场。重组竹又称重竹，是一种将竹材重新组织并加以强化成型的竹质新建筑材料，也就是将竹材加工成长条状的竹篾、竹丝或碾碎成竹丝束，经干燥后浸胶，干燥至要求的含水率，随后铺放在模具中，经高温高压热固化而成的型材。其制作过程和方法，与多层木板材有着许多相似之处。然而，

第一系统

第二系统

组合系统

竹材因其空芯而细长的生物特征，不能像木材那样能被加工成宽度更大的片状结构，因此竹制板材相较于木板规格更为狭长。

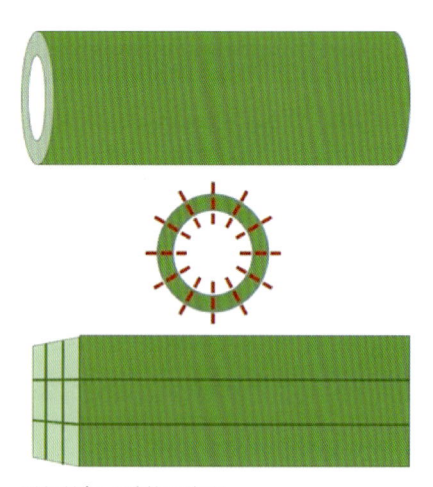

重组竹加工结构示意图

我国的木材有相当一部分依赖进口，再加上大型整板的本土化生产水平还有待提高，木材的供需矛盾制约了建筑及室内设计行业对材料的选择及资金投入。重组竹则是一种可替代木材的近几年开发应用的本土绿色材料。它轻质高强，力学性能优良；弹塑性、韧性好，抗震性能优异；资源丰富，伐后可再生；废弃后可降解，固碳能力强，生产能耗低。芬兰设计师对这种材料高度赞赏并在工作坊中积极探索这种材料的应用。

"彩虹桥"项目连接了古人创造的结构与现代工业加工生产的材料。通过搭建它，师生们有机会深入了解古代劳动人民对材料的理解和应用，更通过应用新兴的环保材料去探索面向未来的绿色设计、可持续设计。

2. 以芬兰建筑师为代表的国外设计案例

中西方设计的交流与碰撞自始至终是开展国际工作坊的核心目标之一。来自芬兰的国际教师带来了他们丰富的实践作品，并详细地向学生介绍、剖析及深度还原设计的过程、构思、成果。在这个过程中，学生充分领会到了项目从构思到落地的方法与实践经验。

如同众多芬兰建筑师一样，Teemu 非常注重传统的建筑设计方法与表达：通过手绘、实体模型等方法去直观地感受和推敲设计方案。手绘不需要高超的绘画技巧，却要求设计师沉浸式地思考设计的空间体块、轮廓、材料、细节、光影乃至氛围。从他们分享的案例中学生能感受到北欧设计的自然气息，即通过简单而绿色的材料，叠加合理而优化细节的结构，并善用光影的空间叙事方式，创造出纯粹而富有诗意的空间。

Teemu Hirvilammi 自宅设计，方案草图及实景照片

3. 本土化教学实践中的借鉴与创新

　　传承还是照搬，借鉴抑或抄袭，在设计构思的来源问题上常常会引发巨大的争议。在传承传统的过程中，我们常说"取其精华，去其糟粕"，学习西方设计的优点应取长补短而不能变成盲目地"崇洋媚外"。如果说设计是一种语言，我国古代及西方的设计语言若想为当今的中国设计专业学生所理解和吸收，必须经过有方法的转换和翻译。因此，在国际工作坊的学习和实践过程中，如何向传统文化及国外设计借鉴，并以现代的、本土化的方式进行转译，是极为重要的学习和思考过程。而随着一次次国际工作坊的开展，这一过程不断地发生着、完善着，并被一届又一届的师生所亲历。

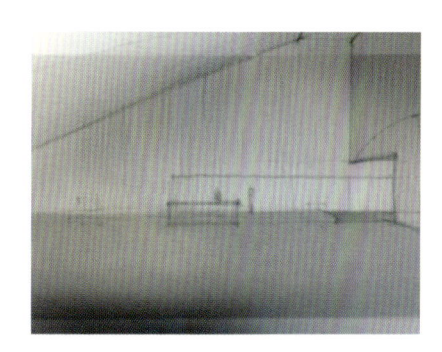

Teemu Hirvilammi 教堂项目设计，方案草图及实景照片

方案设计

　　方案是设计的核心，一切的教学及实践活动都围绕着设计方案而展开。在方案设计阶段，国际教师非常注重对学生的引导和启发，既追求造型的现代性，又注重方案的可行性；设计既要开阔思路，又不能完全天马行空。每一个方案的提出，师生都会畅所欲言地交流。在这个过程中，可以真实地感受到芬兰设计师对设计的理性——一切想法的提出都应该有迹可循、有法可依，以及他们对细节把控的完美主义。

方案设计推敲

木工坊实践

模型推导

  芬兰教师非常注重手绘、实体模型等由学生动手（而非计算机虚拟）实现的设计方案起草和推演，在这个过程中，学生需要按照外籍教师的要求，每组至少制作出一个方案模型及三个或以上的木材连接结构模型。模型需要按比例制作，并放大重要的局部。实物模型使学生认真地投入对结构材料及工艺的零距离学习中，真正地理解中国传统木结构的原理和具体细节。

学生与外籍教师讨论方案和模型

国际教师指导

　　模型和方案推导的过程并不是一蹴而就的，而是在师生一轮又一轮的审视和检讨中不断完善和进步的。所有小组按要求制作的三个或以上的结构模型将被一起介绍、点评和分析利弊。各个小组互相学习并通过实践直观了解木材的多种结构。外籍教师也能了解到中国传统的木结构工艺，并同时将芬兰的木结构经验与学生分享并交流，中西方、古今关于木材这一经典建筑材料的探讨在课程中被一次次地借鉴并转译，直至为项目所适用，与方案相契合。

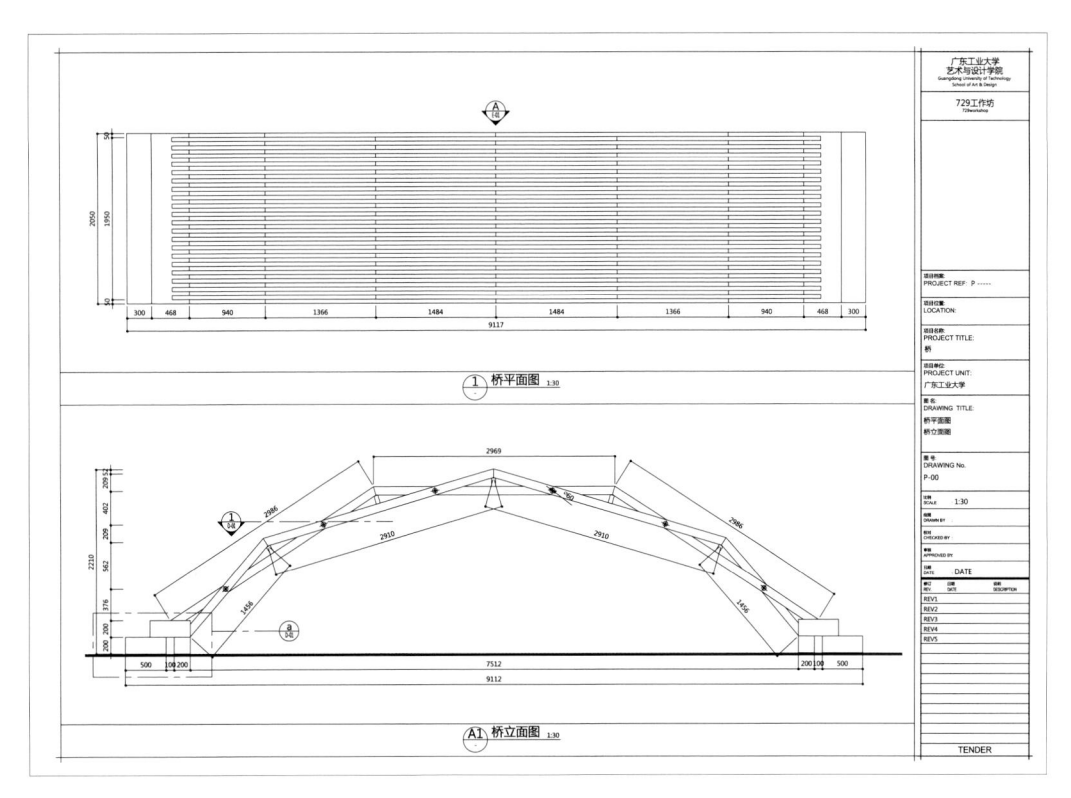

彩虹桥施工平面图（单位：mm）

生成设计图纸

在经历过数轮的测试与修改后，方案从可行性、结构稳定性、材料及工艺等角度得到了全面的论证，并最终生成了实施方案。在方案转化为最终实物之前，需要出具专业的施工图纸。图纸是设计师与施工人员交流的通用语言，并且量化、可视化地注明了施工的具体参数及样式。

方案落地

本系列工作坊最终将师生们生成的设计方案落地。

4.3.5
工作坊实录
Workshop recording

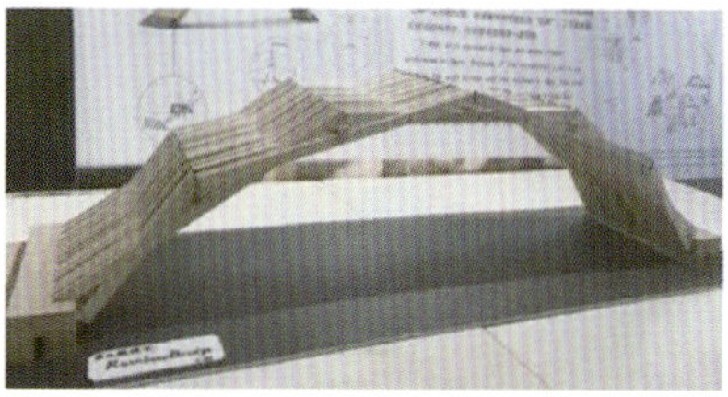

彩虹桥模型

1. 彩虹桥

设计师： Teemu Hirvilammi 及其他参与工作坊的师生

从夏天到冬天，我们搭了一座桥。

"这座桥是干什么用的？"

这是学生遇到过最多也是最难回答的问题。一座放在平地上的桥不就是一座无用之桥吗？然而这种无意义本身却引发了学生对意义的思考：桥的本质是什么？即它存在的意义是什么？

是连接——桥的本质是连接，是在跨越现实的沟壑中既保持对现实的敬畏却又怀有直面的勇气，以最短的距离到达彼岸。

现场放样

"它帮我们搭起了一座连接想法与现实的桥！"

工业革命以后，由于社会生产分工，设计与制造开始相离。特别是对还在学校进行设计学习的学生来说，他们的设计更是往往只停留在概念阶段，并没有出现在人们的现实生活中。然而人们生活在真实的世界中，真实的设计需要学生了解材料，了解加工工艺和流程，了解空间与人。彩虹桥给了学生一个把想法变成现实的机会。

首先，学生和教师、施工方一起了解注意事项、施工安全，并开始熟悉搭建步骤。现场调整角度与位置，先按图纸实地放线，再放置物料画线加工。但在学习过程中发现施工人员的技巧来源于自己的实践和领悟，缺乏科学数据和因果联系，故在施工过程中学生要认真记录，仔细揣摩，并不断优化。

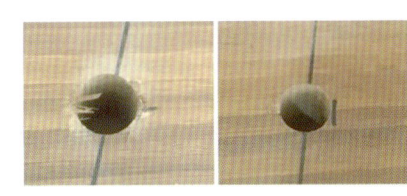

开孔方式的摸索与优化

例如，在刚学习钻时，孔口容易产生木刺，观察后发现是下刀时速度过快导致的。通过降低下刀速度，加深时再提高速度，可以有效防止木刺产生，还能保证效率。

安装好脚手架后开始搭建。搭建过程中还需要对脚手架进行适当的调节。在此期间会体验到加工尺寸的误差累积给装配带来的困难，应该从设计阶段就开始注意对误差影响的控制，尽量减少对后期装配的影响。搭建的过程一言难尽，图纸也是一改再改，制作与设计相互纠缠着不断前行。看着彩虹桥渐渐地出现在这个真

Esa Piirönen 教授、Teemu Hirvilammi 教授和学生一起讨论设计方案

实的世界中，似乎真的有一座桥连接了虚幻与真实。这座桥背后的故事无法被看见，却真实存在于经历者的记忆中。

"它帮我们搭起了一座连接国与国、人与人的桥。"

广东工业大学一直注重国际合作，努力推动中外联合工作坊教学，积极搭建国际合作与交流平台。这里有许多张面孔，有许多双手，之前大家还互不相识，一座桥让大家迅速地熟悉了起来。看着它一步步从图纸走向落地，大家感到既充实又有成就感。

搭建过程

成果落地的喜悦

4 新·环境

2. 风雨亭

设计师： Teemu Hirvilammi, Esa Piirönen 及其他参与工作坊的师生

风雨亭是指坐落在广东工业大学东风路校区图书馆与七号教学楼之间空地上的一处景观装置。以中国古代竹亭为灵感，以新型的竹制建材为材料的实验性空间小品设计。该项目实为本系列工作坊的第一个落地项目，项目方案由师生共同设计、出具施工图纸并现场参与落地。

施工现场记录

风雨亭搭建过程

风雨亭装置搭建过程中，学生全程参与并积极协同参与建造的各方人员。在此期间，学生通过图纸及模型向施工团队展示设计意图，施工人员则根据专业经验向学生讲解并提建议。通过一轮又一轮的摸索沟通与调整，项目日渐成形。